Johannes Roth
Gartenlust im Herbst

Mit farbigen Fotografien

von Marion Nickig

Insel Verlag

Insel-Bücherei Nr. 1346
Sonderausgabe 2015

© Insel Verlag Berlin 2011

Gartenlust im Herbst

Den Ahorn für den Herbst

Die Geschichte vom Prinzen Genji, aufgeschrieben um das Jahr tausend von Murasaki, einer Hofdame der Kaiserin von Japan, zeigt auf elfhundert Seiten, wie die erotischen Energien eines begnadeten Liebhabers von den Barrieren der höfischen Etikette gebremst werden. Und wie das voyeuristische Vergnügen des durch den Bambusvorhang spähenden Lesers geschmälert wird, wenn immer wieder Einschübe von Gartenlust das Interesse des Prinzen auch an Formen der Natur zur Geltung bringen, die nicht unter einem Kimono verborgen sind.

Die Japaner waren schon damals beim Kirschblütenfest ganz aus dem Häuschen. Im Herbst feierten sie mit nicht geringerer Emphase das Fest der roten Blätter: Die feine Gesellschaft wanderte hochgestimmt durch den Park oder gar in die Wälder, um sich der Betrachtung des Ahorns hinzugeben. »Wie beneidenswert schön werden Ahornblätter, bevor sie fallen.« Das ist ein sehr japanischer Seufzer. Vier Gärten hat der alternde Prinz Genji bei den Frauengemächern einrichten lassen. Sie waren je einer seiner Damen und zugleich einer Jahreszeit gewidmet. Die brennende Schwermut des Herbstgartens der Dame Akikonomu war ihm, obwohl er keinem Garten und keiner Dame den Vorzug geben wollte, schließlich doch am liebsten.

Ein Abglanz seiner starken Herbstgefühle leuchtet auch in europäischen Gärten, seit der Japanische Fächerahorn, Acer palmatum und Acer japonicum, zum festen Bestand der Baumschulen gehört. Je kleiner der Garten, desto besser eignen sich die meist niedrigen japanischen Büsche und gedrungenen Bäume mit dem stark gelappten oder geschlitzten Laub als Blickfang zwischen Wasser und Steinen, zumal sie im dunkler werdenden Jahr noch ein kräftiges Feuer

entzünden. Wo fänden denn die zwanzig oder dreißig Meter hohen Ahornbäume Platz, die im Osten Nordamerikas dem Indian summer Farbe geben?

Als wir vor Jahren ein verwahrlostes Grundstück in Besitz nahmen, empfing uns am langen Zaun des Nachbarn eine Reihe von sehr hohen Ahornbäumen, deren himmelstürmendes, weitschwingendes und dann freundlich herabhängendes Geäst einlud: Wir nehmen auch euch unter unser luftiges Dach. Dieser amerikanische Silberahorn, Acer saccharinum Wieri, ist allerdings wieder etwas anderes als der noch amerikanischere und zugleich kanadische Zuckerahorn, Acer saccharum, der den Ahornsirup liefert. Während der Zuckerahorn orangerot bis scharlachrot verglüht, färbt sich das Laub des Silberahorns buttergelb. Warum werden die Blätter mancher Bäume rot, andere gelb oder bloß braun? Schwindet im Herbst das Licht, holt der Baum das bisher alles überdeckende und jetzt nicht mehr für die Assimilation benötigte Chlorophyll zurück. Im vertrocknenden Blatt können nun andere im Zellsaft enthaltene Farbstoffe wie das Carotin oder die für die Rotfärbung verantwortlichen Anthocyane neben den Gerbstoffen zum Vorschein kommen, und je nach der Zusammensetzung der Säfte dominiert dann diese oder jene Farbe.

Der Silberahorn des Nachbarn verdankt seinen Namen der silberweißen Unterseite der Blätter. Wenn die geflügelten Samen kreiselnd heruntersegeln, sind wir versucht, sie wie die Kinder auf die Nase zu pappen und als Nashörner durch den Garten zu gehen. Fallen die fünffach gezackten Blätter, geben sie dem jungen Bambus und empfindlichen Gehölzen eine daunenleichte Winterdecke, verflüchtigen sich aber auch, anders als die hartleibigen und verklebenden Blätter der Kirsche oder des Nußbaums, rasch im Komposthaufen.

Silberahorn, Zuckerahorn, Fächerahorn, Feldahorn, Bergahorn, Feuerahorn, Rotahorn, Schwarzer Ahorn, Felsenahorn, Spitzahorn, Samtahorn, Papierahorn – wer zählt die Arten, nennt die Namen?

Es gibt auch den Weinblättrigen Ahorn, den Weißdornblättrigen Ahorn, Lindenblättrigen Ahorn, Hainbuchenahorn, Eschenahorn, Schlangenahorn. Wer sich die sehr verschiedenen Formen und Farben ihrer Blätter nicht nur auf dem Papier ansehen will (Roger Phillips: »Das Kosmosbuch der Bäume«, Franckh-Kosmos, Stuttgart), macht einen Ausflug nach Holland. In Boskoop arbeiten fast tausend Baumschulen zwischen großen und kleinen Kanälen. Einer der wenigen Betriebe, die auch Privatkunden empfangen, ist die Firma Esveld am nördlichen Ortsrand. Sie hat, neben dem großen Rhododendronsortiment und einigen tausend anderen Gewächsen von Abelia bis Widdringtonia, aberhundert Arten und Sorten von Ahorn im Katalog und im Gelände. Ausgewachsene Exemplare meist fernöstlicher Herkunft sind in einem Aceretum hinter den Pflanzenquartieren zu bestaunen und zu unterscheiden: Wuchs, Blätter, Rinde. Die ist nicht immer glatt und unauffällig, sondern auch weißgrau, zimtfarben oder grünweiß geriffelt.

Auf der Rückfahrt füllt den Kofferraum jedenfalls nicht nur Käse aus dem benachbarten Gouda. Vor allem, wenn man einen Fächerahorn zu ersetzen hat, der schon begonnen hatte, seinen flachen Schirm über den Bach zu breiten. Es war ein Acer palmatum dissectum Viridis. Als mitten im Sommer plötzlich zwei Äste abstarben, glaubten wir, die Wühlmaus sei schuld, weil sie einen Gang quer durchs Wurzelwerk genagt hatte. Im folgenden Frühjahr war auch das restliche Holz tot, ein einziger Zweig versuchte noch auszutreiben, da dachten wir, der Frost habe dem geschwächten Strauch den Rest gegeben. Es war aber die Viticillium-Welke, eine Pilzkrankheit, gegen die es kein Mittel gibt. Der Pilz dringt durch die Wurzel in die Pflanze, so daß der Rückschnitt ins scheinbar gesunde Holz nichts nützt; das Bäumchen ist verloren. Gottlob werden nur manche Sorten betroffen, und auch die nicht immer. Ein Gärtnerfreund sagt, der Fächerahorn Aconitifolium sei nicht anfällig. Wir hoffen, daß er recht behält. Der Garten soll ein Frühlingsgarten sein, aber einer, in dem der Prinz Genji auch im Herbst mit flatternden Ärmeln das Fest der roten Blätter feiern könnte.

Kastanien und Maronen

Es kommt viel zu selten vor, daß der Gärtner unerwartet von Gästen heimgesucht wird, die er gern zum Bleiben nötigt, die er dann, während sie sich ums Kaminfeuer kümmern dürfen, aus dem Handgelenk bekocht. Das schafft er natürlich nicht allein, die Hauptarbeit überläßt er, so sind die Männer, wieder einmal der Hausfrau. Doch der Nachtisch ist seine Sache. Der kostet ihn keine zehn Minuten und bringt ihm beinahe mehr Beifall, als wenn er sich stundenlang um eine Mousse von brauner und weißer Schokolade mit Orangensauce bemüht hätte: es ist das Schnell-Dessert, es ist der Maronenschaum. Drei kurze Arbeitsschritte. Zuerst wird eine kleine Dose Crème de Marrons de l'Ardèche geöffnet. (Woher haben wir die? Manchmal findet sie sich im Kaufhaus bei den Marmeladen, meistens aber nicht, darum holen wir sie dutzendweise aus Straßburg.) Dann wird das Maronenmus, zweihundertfünfzig Gramm, der Hersteller hat ihm schon Vanille hinzugefügt, mit vier Eßlöffeln Cognac glattgerührt. Dritter und letzter Arbeitsgang: Sahne steifschlagen. Unterheben. Fertig. Köstlich.

Der Triumph hat nur einen Mangel. Die Grundsubstanz kommt nicht aus dem Garten, sondern von Clément Faugier aus Privas im Departement Ardèche. Sie könnte freilich aus dem Garten kommen, wenn da auch noch eine Kastanie Platz gefunden hätte. Am Klima scheiterte es nicht. Die Kastanie ist zwar ein Baum Klein-

asiens, doch sie gedeiht und reift überall dort, wo noch Wein wächst. Es gibt ganze Kastanienwälder zwischen Frankfurt und Heidelberg.

Wer das provenzalische Maronenpüree nicht zur Verfügung hat, jedoch frische Maronen, geerntet oder gekauft, braucht für dieses Dessert anderthalb Stunden länger, weil er sich die Crème nach Anleitung von Marianne Kaltenbach (»Kreativ kochen«, Hallwag) erst selber herstellen muß, indem er die Maronen ritzt, röstet, schält, kocht, zuckert, eindickt. Den Maronenröster sucht man aber nicht in der Küche, sondern auf der Straße. Er gehört zum Weihnachtsmarkt und überhaupt ins frühwinterliche Bild einer lebensvollen Stadt. Heiße Maronen werden mit klammen Fingern gegessen. Hochgeschlagene Mantelkragen gehören dazu. Kalte Lippen auch, die warmgeküßt werden wollen. Heiße Maronen sind ein süßes Wintervergnügen. Denn beim Rösten der Kastanien wird ihre mehlige Stärke in Zucker verwandelt. Kastanien sättigen. Und schüren den Hunger nach mehr. Ein rechtschaffener Mann hat vom Süßen nie genug.

Wovon ist denn nun die Rede, von Maronen oder Kastanien? Die Maronen sind die Kastanien, jedenfalls die, die man für sich oder, verdienstvoller, für liebe Mitmenschen aus dem Feuer holt. Es gibt freilich noch die anderen braunen Dinger, die so ähnlich aussehen und auch Kastanien genannt werden, die den Buben die Hosentaschen füllen und auch manchem alten Mann, weniger aus knäbischer Erinnerungsseligkeit als deshalb, weil sie angeblich vor Rheuma schützen.

Es sind zwei verschiedene Bäume, die bei uns Kastanien heißen. Beide sind Einwanderer aus dem westlichen Orient. Die Edelkastanie, die Eßkastanie, die eigentliche Kastanie, Castanea sativa, eroberte sich spät, aber doch schon in der Antike, die Mittelmeerländer; Italien, Spanien, Südfrankreich vor allem. Sie füllt auch die wärmeren, die gesegneten Alpentäler der Schweiz und Südtirols.

Korsika ist ein großes Kastaniengebirge. Wallfahrtet man auf Elba von Marciana hinauf zur Einsiedelei Madonna del Monte, wo Napoleon in stürmischer Nacht die Walewska traf, so wandert man unter schwarzschattenden Kastanien. Selten stehen sie einzeln, diese dickleibigen Riesen unserer südlichen Urlaubslandschaften, fast immer bilden sie Wälder.

Die andere Kastanie, die Roßkastanie der nördlicheren Breiten, Aesculus hippocastanum, sie bildet Alleen. Sie ist ein Stadtbaum unserer Großväter von Berlin bis Paris. (Werden heute noch Kastanien gepflanzt? Immer und überall müssen es jetzt Platanen sein.) »Vor allem liebe ich es«, so schwärmt Marcel Proust, »unter den ungeheuren Kastanienbäumen stehenzubleiben und zu verweilen.« Berlins alte Prachtstraße heißt Unter den Linden. Wir haben Berlin aber als Kastanienstadt in Erinnerung, nicht nur draußen in Dahlem, wo der Student einst im Mai im leuchtenden Schatten der Kastanienkerzen die »Wahlverwandtschaften« las und vergebens zu begreifen suchte.

Die Roßkastanie säumt Boulevards oder auch nur den Stadtgraben, beschirmt Biergärten. Dieser Kastanienbaum, der heimische, winterfeste, wirft ungenießbare, aber nicht minder schöne Früchte ab, handschmeichlerisch blanke braune Samenkerne, die aus grünen, nicht gar so stachligen Hüllen platzen. Diese Kastanie haben wir den Türken zu verdanken, die sie gegen Ende des sechzehnten Jahrhunderts samt dem Mokka über Konstantinopel nach Wien brachten. »Der prosaische Name Roßkastanie soll«, so berichtet Victor Hehn, »von der türkischen Gewohnheit stammen, den Husten der Pferde mit der Frucht des Baumes zu kurieren.« Wer an die türkische Herkunft nicht glauben mag, sehe sich die Blütenkerzen an. Es sind wahrhaft orientalische Blumenpyramiden. Ganz anders die Blüten der Eßkastanie, die sitzen klein an dünnen, hängenden Rispen.

Im Frühjahr kann die blühende Roßkastanie die Schönheitskonkurrenz gewiß für sich entscheiden. Im Herbst fällt es schwer, dem einen oder anderen Baum den Vorzug zu geben. Die Roßkastanie macht uns den Oktober lustig, aber die Eßkastanie füllt Kochbücher. Und dort vor allem das Geflügel. Fasan mit Maronen, Gans mit Maronen. Auch den weihnachtlichen Truthahn, den wir früher mit Äpfeln, Sellerie und Preiselbeeren stopften, haben wir am Heiligen Abend des vergangenen Jahres in Orange mit einer festlichen Zugabe von Maronen schätzengelernt.

Beide Bäume sind schön. Kastanien haben Charakter. Wer einen großen Baum in den Vorgarten oder hinter das Haus setzen kann, wer Platz hat für solch einen grünen Elefanten, muß wählen. Für die Enkel. Denn: »Der alte Baum ist der wahre Baum.« So sagt Karl Foerster. Und Hermann Hesse, ein erprobter Freund der Bäume, besonders aber der weißen und roten Kastanien, fügt staunend hinzu: »Wie mächtig sie dastehen, wie üppig sie blühen, wie tief sie rauschen!«

Birnen sind weiblich

Drunt in der Au steht ein Birnbaum schön blau«, sang einst Georg Blädel im Bayerischen Rundfunk. Bierbaum schön blau wäre auch nicht falsch gewesen. Frau Birnbaum, Herr Bierbaum, Fräulein Pirbaum, Onkel Beerboom – das ist eine Familie, die derselben Wurzel entstammt: Aus dem lateinischen pirum war im Althochdeutschen pira und bira geworden, mittelhochdeutsch bire oder bir. Erst im siebzehnten Jahrhundert lagerte sich das n an, und es konnte Birn auf Dirn gereimt werden. Fontanes Herr von Ribbeck hat dann nicht nur an die Mädchen gedacht: »Und kam in Pantinen ein Junge daher, / So rief er: Junge, wiste 'ne Beer?«

Der Münchner Zungenbrecher aber ging so: »Buberl beim Maderl, Maderl im Betterl, Betterl vom Federl, Federl vom Vogerl, Vogerl im Nesterl, Nesterl im Zweigerl, Zweigerl am Zweig, Zweig am Ast, Ast am Baum, drunt in der Au steht ein Birnbaum schön blau!« Das war in jenen Nachkriegsjahren, als nicht nur in Bayern zur Adventszeit das Hutzelbrot gebacken wurde. Hutzeln, anderswo heißen sie Kletzen, sind getrocknete Holzbirnen. Damals stand die wilde Holzbirne an fast jedem Straßenrand und überall in der Flur, die ja noch nicht bereinigt war. Auf dem Dorf war die Großmutter für das Hutzelbrot zuständig oder ein Hutzelweiblein aus der Nachbarschaft.

Birnen sind weiblich. Äpfel männlich. Wer Äpfel mit Birnen vergleicht, wird sich wundern. Daß die Birnen so viel süßer sind als Äpfel heißt nicht, daß sie viel mehr Kalorien enthalten, sondern: Sie haben nur halb soviel Säure. Äpfel sind gesund, Birnen sind Schlankmacher und ein aromatisches Heilmittel dazu. Reich an basischen Mineralien, wirken sie wohltuend auf die Niere, bei Arthritis, Rheuma, Gicht. Birnen soll auch essen, wer ein schwaches Gedächtnis hat. Entscheidend sei es allerdings, sagt die Ernährungswissenschaft, daß die Birne nicht geschält wird.

In der Schale steckt die Würze. Agnes Amberg empfiehlt, für das Birnensorbet die halbierten Früchte mit Schalen und Kerngehäuse zu köcheln, dann das Gehäuse auszustechen und die Birnen im Mixer zu pürieren. Die braunen Schalenteile sorgen für natürliches Aussehen, vor allem für den Geschmack. Beim Gefrieren in der Sorbetiére dürfen dennoch zwei Eßlöffel Williamine dreingegeben werden. Für den Birnenkuchen müssen die Birnen geschält werden. Der Gärtner hatte schon immer die Gewohnheit, die Schalen während der Arbeit zu schnabulieren. Schlank ist er davon nicht geworden. Die Birnenschnitten legt er auf den Mürbteig, übergießt sie nach dreißig Minuten Backzeit mit einer Eiersahnecreme und schiebt die bedeckten Birnen noch mal für eine gute Viertelstunde in den Ofen.

Comtesse de Paris

Oder er setzt fächerförmig eingeschnittene Birnenhälften, in Weißwein pochiert, auf eine Mandelcreme, die über den Mürbteig gestrichen wurde. Wenn diese Birnentorte aus dem Ofen kommt, wird die Pochierflüssigkeit stark eingedampft und auf den lauwarmen Kuchen gepinselt. Die Birnen lassen sich vollends verstecken: Auf einen Sacherboden, mit Birnenbrannt getränkt, streiche man die Hälfte einer Schokolade-Sahne-Creme, setze in Weißwein gekochte Birnenviertel darauf und bedecke sie mit dem Rest der Creme. Nicht in den Ofen, in den Kühlschrank stellen. Vor dem Servieren mit steifgeschlagener Sahne überziehen, geraspelte Schokolade darüber.

Das sind so Arbeiten, die sich Gärtner und Gärtnerin schaffen, wenn der Frost das Gelände draußen lahmgelegt hat und die Zeit für den Winterschnitt der Obstgehölze noch nicht gekommen ist. Das ungestüme Höhenwachstum des Birnbaums verlangt eine scharfe Schere in kundiger Hand, denn nicht alle Äste lassen sich herunterbinden. Ganz einfach ist die Birne in Rotwein, wir sind noch in der Küche, etwas aufwendiger die Birne Helène. Die frische Birne auf dem Käseteller neben dem Roquefort ist seit Ludwig dem Vierzehnten ein königliches Dessert. Mit der Birne ist es wie mit dem Käse und dem Wein, sie darf nicht zu kalt sein. Sonst erschließt sich ihr Aroma nicht. Und sie soll, wie der Käse und der Wein, reif sein. Die Birnen vom Markt, fast alle aus Frankreich und Italien, müssen meist noch ein paar Tage liegen, bis sie eßreif werden. Ob sie dann auch gehaltvoll sind, aromatisch und heilsam? Wegen des langen Transports werden sie oft zu früh geerntet. Bodenseebirnen können länger am Baum bleiben. Es muß einer nicht nationalistische Gründe haben, wenn er zuerst nach deutschen Birnen fragt. Eine Gute Luise, ausgereift, ist einer zu früh gepflückten Gräfin von Paris immer vorzuziehen. Diese Gräfin, in den eigenen Garten gesetzt, ist ein anspruchsvolles Geschöpf. Nur im Weinklima, windgeschützt, gibt sie sich schmelzend süß; wo es ihr nicht behagt, bleibt sie fad und rübig, wie die Obstgärtner sagen. »Birnen lieben die Wärme«, schreibt der Frankfurter Gärtnermeister Franz Mühl in einer wohlfeilen Broschur »Erfolgstips für den Obstgarten« (Falken-Verlag). Und jede Frucht will Sonne. Deshalb hat die Birne ihren besten Platz als Spalierbaum an der Südwand. Der große »Obstsortenatlas« von Götz/Silbereisen (Ulmer-Verlag) präsentiert mit aller Wissenschaft versehene, aber mundwässernde Porträts von fünfundzwanzig Sorten, vom Stuttgarter Geißhirtle bis zur Oberösterreichischen Weinbirne, von den Sommersorten wie Clapps Liebling und Williams bis zu den Herbst- und Winterbirnen, die Vereinsdechant heißen, Conference, Alexander Lucas oder Herzogin Elsa.

Der Glückliche, der einen Birnbaum pflanzt, muß sich zuvor nicht nur über Ansprüche und Charakter der Früchte kundig gemacht haben, er sollte auch wissen, ob sein Hochstamm auf einem Birnensämling veredelt wurde, der tief wurzelt, später also kaum Bewässerung braucht, oder ob sein Spindelbusch auf einer flachwurzelnden Quittenunterlage steht und dann in heißen Sommern gegossen werden will. Auf zu trockenem Grund, zum Beispiel im Regenschatten der Hauswand, bleibt die Frucht körnig. Erst das saftig schmelzende Fleisch macht uns die Birne lustig.

Ein Jammer, daß sich an das Gärtchen kein Obstgelände anschließt, das sich zum Harem ausbauen ließe für die feinsten der breithüftigen Saftspenderinnen, denen wir gern Spaliere zögen und Mauern bauten als Windschutz und Sonnenfang. Kein Platz in der Au für den Birnbaum schön blau! Es bleibt ein Trost: In ihrer schönsten Form ist die Birne flüssig.

Mut zum Efeu

Wer hat Angst vor dem Efeu? Besorgte Mütter, sofern sie wissen, daß die blauschwarzen Beeren giftig sind. Überständige Töchter, sofern sie glauben, was die schwarzen Magier und die weisen Frauen sagen: Efeu am Haus sperrt die Freier aus. Kleinmütige Gärtner und Hausbesitzer, die für wahr halten, was als Gerücht umgeht: daß Efeu die Mauern zerstöre und Bäume erwürge.

Zwar klettert der Efeu zwanzig Meter hoch und höher, falls es ihm erlaubt wird; aber er ist weder ein Würger noch ein Schmarotzer und schon gar kein Steinesprenger. Mit harmlosen Haftwurzeln hält er sich lediglich am Fels, an der Mauer oder an der Rinde fest. Die botanischen Bücher wiederholen es geduldig. Doch was kümmert's die Leute. Alle die neuen und nicht mehr ganz neuen Häuser stehen so nackt herum, als seien sie stolz auf ihre trostlosen Fassaden. Und deswegen können wieder die Mütter unbesorgt sein: Wo Efeu nicht klettert und wo er nicht wenigstens acht Jahre alt geworden ist, kommt er gar nicht dazu, im Spätsommer die grüngelben Blütendolden zu bilden, an denen dann im Frühjahr die dunklen Beeren erscheinen.

Wer muß den Efeu wirklich fürchten? Der Weißbinder, der Gipser, das Malerhandwerk. Denn Efeu schützt und schmückt die Mauer nicht weniger als die kräftigste Dispersionsfarbe, jedoch viel länger. Wo sich der immergrüne Kletterer einer leeren Wand erbarmt hat, brauchen die nächsten drei Generationen kein Gerüst aufstellen zu lassen. Nur eine Leiter muß angelegt werden von Zeit zu Zeit, damit der wachsende Pelz ganz oben, wo er kopflastig wird, zurückgeschnitten werden kann. Wer fürchtet den Efeu noch? Die Hausfrau. Denn: Spinne am Morgen bringt Kummer und Sorgen. Wenn der Hausherr mit der Meinung, hinter dem Blättervorhang werde die

Mauer feucht, in die Irre geht, so ist das Ungeziefer-Argument nicht rundheraus falsch. In der trockenen Luft einer Efeuwand fühlen sich die Spinnen wohl. Allerdings haben wir an einem neuen Haus, noch ohne Efeu, auch Spinnen genug. Mehr können es unterm Efeu gar nicht werden. Dafür sorgen dann schon die Vögel. Sind jemandem auch die nistenden Amseln lästig, so ist er des Efeus nicht wert.

Andere aber mögen dem Efeu, der gerade noch als Bodendecker geduldet wurde, der in Gartenwinkeln und auf Friedhöfen ein bescheidenes Dasein fristet, nun vielleicht doch wieder einen Platz an der Sonne einräumen. Schon geraume Zeit rollt ja die grüne Welle der Bioarchitektur, die in dem Häuserbepflanzer Hundertwasser ihren ersten Propheten hat. Dazu kommt nun ein Buch, das manchen Mut machen wird, nicht bloß aus der Ampel im Blumenfenster ein paar dekorative Ranken schwingen zu lassen.

Es ist das erste Efeu-Buch seit Jahrzehnten: In England, dem klassischen Land des Efeus, wo die viktorianische Modepflanze auch ins Hintertreffen geraten ist, hat ein Inspektor des britischen Landwirtschaftsministeriums mit seiner Efeu-Monographie die Kenntnis der Gärtner auf den gegenwärtigen Stand gebracht. Eigentlich war es dem Efeukundler, der den Namen Rose trägt, nur darum zu tun, in das Nebeneinander und Durcheinander von Benennungen und Sorten Ordnung zu bringen. Doch seine Katalogarbeit wuchs nicht anders als der Efeu auch: Erst kam sie nur schwer voran, dann fächerte sie kräftig in die Breite. Der Verlag Eugen Ulmer in Stuttgart hat eine deutsche Ausgabe herausgebracht (Peter Rose: »Efeu«), die von dem Klosterbruder Ingobert Heieck aus der Abtei Neuburg bei Heidelberg für die hiesigen Verhältnisse ergänzt wurde. Bruder Ingobert ist selber ein ausgewiesener Kenner, Sammler und Züchter. Rose und Heieck stellen hundertzwanzig Sorten vor: Kulturgeschichte, Aussehen, Bedürfnisse, Winterhärte. Die Hälfte davon wird neben der Beschreibung im Farbfoto gezeigt. Auch wenn alle

Pflanzen mit dem Bild vorgestellt würden, was der Laie sich natürlich wünschte, wären wir doch nicht zuverlässig im Bilde, weil Efeu, besonders die in Europa heimische und bei den Gärtnern in den meisten Varietäten angebotene Art Hedera helix, dazu neigt, Besonderheiten zu entwickeln, Wuchsformen zu wechseln, oft am selben Stock. Zudem zeigen alle Arten der Gattung Hedera in der Jugend andere Blätter als im Alter. Je reifer die Pflanze, je näher der Blüte, desto mehr verlieren die Blätter den typischen gelappten Umriß, sie werden eiförmig wie die des Birnbaums. Am Boden und im Schatten kommen sie jedoch oft aus dem Jugendstadium gar nicht heraus; der Efeu liebt nämlich Sonne und Wärme durchaus, nur die Wurzeln brauchen die Feuchtigkeit und nährstoffreichen Boden.

Der Efeu ist ein Gewächs der Alten Welt; Hedera colchica stammt aus dem Kaukasus, die Urheimat unserer Hedera helix wird in Istrien vermutet. Jetzt ist der Efeu in Amerika am heftigsten zu Hause, vielleicht deshalb, weil er dort wild nicht vorkommt. In Mt. Vernon im Bundesstaat Virginia hat die American Ivy Society ihren Sitz, die auch für Europa verbindlich entscheidet, welche neuen Züchtungen unter welchem Namen zugelassen werden.

Den Engländern, die das ideale Efeuklima haben (in Deutschland müssen wir uns auf die winterharten Sorten beschränken), bleibt die Erinnerung an jene nachrömischen Zeiten, als der Efeu vor jedem Gasthaus obligatorisch war, zumindest als Kranz, als bush, auf hoher Stange, zum Zeichen, daß hier Gott Bacchus regiere. »Good wine needs no bush«, sagt ein britisches Sprichwort, gute Ware benötigt keine Werbung. Guter Wein bedarf des Efeus nicht: In der Antike hatte solch ein Satz noch einen anderen Sinn. Damals wurden Weinbecher aus Efeuholz gefertigt, dem man die Fähigkeit zuschrieb, Wein und Wasser zu scheiden, verwässerten Rebensaft zu entlarven. Der Efeubecher, ein Mittel des Verbraucherschutzes. Das Efeulaub jedoch, das dem Weingott und seinen Begleitern unentbehrlich war, sollte die Stirnen der erhitzten Trinker kühlen, die Folgen des Übermaßes und die böse Wirkung unsauberer Kreszenzen lindern. Unser Wein bedarf des Efeus nicht. Die Mauern über dem Weinkeller können jedoch mit Efeu nur gewinnen.

Die stolze Waldrebe

Es gibt Mädchen, die so schön sind oder so klug oder klug und schön zugleich, daß den Männern der Puls schneller schlägt, das Herz aber in die Hose fällt. Es gibt Pflanzen, die Aufsehen erregen und die Verehrer doch zaudern lassen. Die Clematis, die zarte, prächtige Waldrebe, ist solch ein seltsames Geschöpf.

Balzac verglich eine gewisse Art von Mädchenschönheiten mit Luxuspferden, die viel zu aufwendige Wartung erfordern, als daß sie für den Alltag tauglich wären. Ähnlich scheint es sich mit der Waldrebe zu verhalten. Sie wird bewundert und aus Besorgnis gemieden. Verhält es sich wirklich so?

Nein. An mutigen Liebhabern fehlt es nicht. Jahr für Jahr werden in Baumschulen und Gärtnereien einige hunderttausend Clematispflanzen zu den Kassen getragen. Aber wie selten entdecken wir in einem Garten oder an einem Haus das sich entfaltende Ergebnis dieser hunderttausendfachen Kauflust! Es ist eben meist nicht mehr als eine Lust, es steht kein Eroberungswille dahinter, keine Liebhaberschaft, allenfalls eine Verliebtheit, eine Laune. Wer aber nach der Clematis greift, die ihm den Kopf verdreht hat, und bloß einer Schwäche nachgibt, ist den Launen und Ansprüchen seiner Erwerbung wahrscheinlich nicht gewachsen.

Denn anspruchslos ist sie nicht, die für das Leben in der Stadt feingemachte Tochter des Waldes. Wo sie ihren Fuß hinsetzt, soll der Boden gut vorbereitet sein, kühl und feucht, aber nicht naß, son-

dern luftig; unterm Pflanzloch ist also eine Drainage aus Schotter und Sand anzulegen. Bei Trockenheit muß oft gegossen und dann auch mehr gedüngt werden, damit die Auswaschung von Nährstoffen ausgeglichen wird. Je mehr Kompost und Lauberde oder Torf zur Lockerung in die Pflanzerde gemischt wird, desto mehr Kalk muß dreingegeben werden, am besten einige Schaufeln alten Mörtelschutts. Wird an eine Mauer gepflanzt, sollte man einen halben Meter Abstand halten, sonst steht die Clematis im Regenschatten auf dem Trockenen. In jedem Fall braucht der Standplatz am Fuß der Pflanzen Sonnenschutz, große Steine können es sein, Stauden oder niedriges Buschwerk. Aber Vorsicht: Wurzelkonkurrenz ist unerwünscht. Veredelte Pflanzen, und fast alle sind veredelt, müssen tiefer gesetzt werden und die flach zur Mauer hingeführten Triebe eine Handbreit mit Erde bedeckt werden, damit auch das Edelreis Wurzeln schlägt; das macht die Pflanze unempfindlicher gegen Hitze und Frost.

Sind derlei Voraussetzungen erfüllt, ist die Waldrebe aber noch nicht bereit, eine kahle Wand mit Blütensternen zu bedecken. Sie erwartet Aufstiegshilfe. Denn sie ist kein Klettergenie wie der Efeu oder der Wilde Wein, die mit Haftwurzeln und Saugnäpfen an der blanken Mauer emporsteigen. Sie ist eine schmiegsame Liane. Sie schlingt und rankt und hält sich am Spalier von dünnen Latten oder starken Drähten. Maschendraht darf es nicht sein, wie sähe das aus! Und die alten, verholzenden Triebe, die gelegentlich auszulichten sind, wären da nie mehr herauszulösen. Das Mädchen muß sich kämmen, das Pferd will gestriegelt sein, die Clematis soll nicht verfilzen. »Nichts ist verdrießlicher als eine ungepflegte Waldrebe«, schrieb Christian Grunert, der erfahrene Gärtner und Pflanzenporträtist.

Und da sind wir schon wieder an einem schwierigen Punkt. Jene Arten und Sorten, die im Hochsommer und im frühen Herbst blühen, also am jungen wachsenden Holz, verlangen im Spätwinter einen kräftigen Rückschnitt, der viele neue Triebe bewirkt. »Die alte Sitte, die Pflanzen jedes Jahr bis zur Erde zurückzuschneiden, ist jedoch eine Roheit und unnötig«, erklärt Franz Boerner in dem Ulmer-Buch »Blütengehölze für Garten und Park«. Aber Achtung! Es gibt auch Frühsommerblüher wie die Clematis montana. Schere weg! Ihre Knospen sitzen am vorjährigen Holz. Bei diesen Reben darf allenfalls gleich nach der Blüte etwas eingekürzt oder ausgeglichen werden.

Das waren die Ansprüche. Nun zu den Launen. »Der große Nachteil, der den Clematis-Hybriden anhaftet«, so schreibt Boerner, sei der Umstand, daß sie manchmal im besten Wachstum einen Kollaps kriegen und von einem Tag auf den anderen absterben. Es ist natürlich keine Laune, sondern die pure Not. Es handle sich bei der Clematiswelke um eine Infektion, eine Pilzkrankheit, meinen die meisten. Andreas Bärtels referiert in einem anderen Ulmer-Buch voller Clematiswissenschaft (»Gartengehölze«) die Erfahrung des englischen Züchters Jim Fisk. Der glaubt, es sei nichts anderes als Wassermangel. Die wenigen extrem dünnen Triebe können in sommerlichen Hitzeperioden den Verdunstungsverlust des Laubes kaum ausgleichen. Er rät, dreimal wöchentlich zu wässern und zusätzlich einmal mit Flüssigdünger aufzuhelfen. Also lasse man die Waldrebe nicht hungern oder dursten. Das tägliche Quantum an Aufmerksamkeit und Zuwendung muß ihr wie selbstverständlich zuteil werden. Fordern mag sie es nicht. Eher geht sie ein.

Die stolze Clematis ist die schönste aller Mauerblumen, ein Mauerblümchen ist sie nicht. Darum hat sie es hierzulande doppelt schwer. Die Deutschen bewahren eine tiefe Furcht vor jeglichen Kletterpflanzen. Sie schätzen die Schönheit, die zu Füßen sitzt, in höhere Etagen soll sie nicht aufsteigen; sie wüchse uns ja über den Kopf und brächte das geordnete Hauswesen durcheinander.

Die vermeintlich so konservativen Engländer sind da lockerer, souveräner. Ein Blick in ihre monographische Clematis-Broschüren zeigt, daß wir die Clematis gar nicht unbedingt an die Mauer setzen müssen, so gut das manchem Haus bekäme. Eigentlich wollen die schönen Abkömmlinge der Waldrebe immer noch übers Buschwerk laufen und in Bäume klettern. Wie leicht könnte mancher Vorgarten voller Koniferen aus seiner Friedhofsstarre erweckt werden, würde ihm nur ein fröhlicher Überwurf von blauen, roten oder weißen Clematisblüten gegönnt!

Die Seele des Gartens ist der Kompost

Mit dem Kompostieren verhält es sich ähnlich wie mit dem Kochen. Gewöhnlich bleibt es an den Frauen hängen. Bindet sich der Mann die Schürze um, so will er nicht die Verantwortung am Herd übernehmen, sondern spaßeshalber der Pfanne etwas Besonderes entlocken. Der Mann in der Küche ist heiter. Er liefert ein Kunststückchen ab.

Mit dem Kompostieren verhält es sich doch anders. Nimmt der Mann die Grabgabel zur Hand, so will er den Gärtner nicht nur spielen, sondern die Verantwortung für den Humus übernehmen. Der Mann am Kompost ist ernst. Kompostieren ist nicht bloß eine Kunst, die dem aufs Praktische gerichteten Sinn des Weibes überlassen bleiben könnte, Kompostieren ist eine Wissenschaft. Und darum Glaubenssache. Der Kompost hat seine Apostel und Missionare; und ein wachsendes Heer von Gläubigen, zu welchen sich der Schreiber zähneknirschend zählen muß. Darum spöttelt er jetzt nicht mehr, sondern fängt noch mal von vorne an.

Manche haben ein Trimmgerät im Keller, manche setzen sich ins

Auto und fahren in den Wald, andere rennen im Trainingsanzug ums Viertel, andere bleiben im Haus und bedienen das Fernsehgerät. Der Glückliche hat einen Kompostplatz im Garten. Denn der Kompost will bewegt werden. Nein, um Gottes willen, er wird nicht an jedem Wochenende umgesetzt. Aber er verlangt nach Aufmerksamkeit, er bedarf der Pflege. Er wird angerichtet, durchgemischt, aufgeschichtet, feucht gehalten, vor der Sonne geschützt und vor zuviel Regen, mit Kalk oder Basaltmehl gepudert, mit Lehm versetzt, mit Hornmehl verbessert, gelüftet, geklopft und abgedeckt. Am Kompostplatz gibt es immer was zu tun. Der Kompost ist nicht ein Abfallhaufen, er ist die Seele des Gartens. Was ein Garten wert ist, läßt sich an Blüten und Blättern ablesen, am schnellsten sieht man es am Kompost. Zeige mir deinen Kompostplatz, und ich weiß Bescheid. Wird er deshalb oft im hintersten Winkel versteckt? Oder weil er stinkt? Kompost stinkt nie, solange nicht grobe Fehler gemacht werden. Wenn es nach Fäulnis riecht, war der Gärtner faul. Nichts auf der Welt duftet besser, behaupten manche, als reifender Kompost.

Ängstliche, die sich nicht blamieren wollen, legen erst gar keinen Kompostplatz an. Das ist der größte Fehler. Sie meinen auch noch, daß sie sich etwas ersparen. Aber sie verlieren. Nicht nur Geld an die Düngemittelhersteller. Was sie sich und ihrem Garten entgehen lassen, wenn sie Laub und Rasenschnitt, Unkraut, Geäst, Gemüsestrünke und Bananenschalen in die Mülltonne stopfen, füllt dicke Bücher. Fast vierhundert Seiten sind es bei Fritz Caspari: »Fruchtbarer Garten«; Wirtschaftsverlag Klug. Hundertfünfzig Seiten bei Eberhard Spohn: »Selber kompostieren für Garten und Feld«; Schnitzler-Verlag. Zweihundert Seiten bei Alwin Seifert: »Gärtnern, Ackern ohne Gift«; Biederstein-Verlag. Den Seifert muß man gelesen haben; er ist der Pionier, wenn auch erst in den Fußstapfen der Anthroposophen. Vor allem ist er ein hinreißender Erzähler, und seine Begeisterung steckt an. Das Wichtigste in Kürze bringt das Ullstein-Taschenbuch von Christian Seiffert und Alwin Keller: »Düngefibel für den Garten«. Der Titel klingt nicht verheißungsvoll, doch der Laie begreift hier (weil die Biochemie sogar noch in den Tabellen spannend gemacht wurde), was da passiert in den manchmal wie toten, manchmal so heißen Haufen. Und warum die Zugabe von Lehm unerläßlich ist: für den eigentlichen Erfolg, für den Dauerhumus, den Nährstoffhalter.

Hat einer in diese Bücher hineingeschmeckt, muß er sich vielleicht ein Gartengerät kaufen, das er noch nicht kannte, den Krail zum Beispiel, und ein Säckchen Steinmehl oder Kalimagnesia; aber er kann nun auf das meiste aus den Regalen der grünen Märkte verzichten, jedenfalls auf die chemischen Kampfmittel. Kompost stärkt, befriedet und entseucht. Wo er zum Zug kommt, kann die Giftspritze eingemottet werden. Davon ein andermal, denn das ist schon wieder ein neues Kapitel: Die wunderbare Wirkung der Komposterde. Zuerst will sie hergestellt sein. Ganz Schlaue ziehen sich aus der Affäre, indem sie sich einen Schnellkomposter, einen Humusbereiter, einen Gär-Silo aus Beton oder Eisen ins Gebüsch stellen. Sie bringen sich aber um das Schönste: um die Arbeit und um die Übung in Geduld. Außerdem erfahren sie nie, wie man Regenwürmer glücklich macht, die Gastarbeiter im Kompost. Mit Zwiebelresten zum Beispiel. Wo solch ein Kompost-Ofen steht, ist der ebenso teure elektrische Häcksler nicht weit, der die gröberen Abfälle kreischend zerkleinert. Gewiß, da wird fürs Geld auch Zeit gespart, ganze Äste verschwinden wie nichts, der Verrottungsprozeß, der sonst Monate dauert, wird auf wenige Wochen verkürzt.

Unsereins aber will Zeit gewinnen: Zeit zum Denken, Dösen, Träumen. Da sind die ruhigen Stunden im Winter, wenn Gezweig kleinzumachen ist zu fingerkurzen Stücken; was unter der Hand mühelos bricht, wird dem Garten gleich zurückgegeben, stärkeres

Holz wird beiseite gelegt für den Kamin und kommt erst übers Jahr als kostbare Asche wieder. Da sind die schattigen Nachmittage in der warmen Jahreszeit, wenn es ans Umsetzen geht, wenn das Innere des Haufens nach außen, das Äußere nach innen und viel Luft dazwischengebracht wird, wenn die schon reifen Krümel dunkelbraun auseinanderfallen und wie Walderde duften – und waren vor einem halben Jahr noch Gras und Bohnenstroh, Weihnachtsbaum und Pferdeapfel, Zigarrenstummel und Kartoffelschale.

Zu Erde sollst du werden! Am Humus mag, wer will, auch sein Memento mori haben. Der Unwillige erkennt immerhin den Kreislauf der Natur im Zeitraffer: Aus der Küche auf den Kompost, aufs Gemüsebeet, in die Küche. Und sieht: Ernsthaftes Kompostieren hat mit fröhlichem Kochen zu tun.

Das Chinesische Rotholz

Ganz unten zeigen einige Zweige einen Hauch von Rosa und sogar schwach bräunliche Töne, während die zarten Wipfel im Spätherbst immer noch zu wachsen scheinen; dazwischen neun Meter kräftiges Grün. Aber an einem dunklen Morgen um den zwanzigsten November herum werden wir uns die Augen reiben: Rostrot stehen dann beide Bäume im Nebel. Über Nacht haben sie die Farbe gewechselt. Und wieder acht oder zehn Tage später, nach stürmischem Regen oder frostigem Wind, wird das Herbstkleid plötzlich als fingerdicker Nadelteppich auf dem Rasen liegen. Schräg fällt nun das Winterlicht durchs leere Geäst. Und es wird sichtbar, daß die kerzengeraden Stämme ihre Zweige nicht seitwärts breiten, wie es Nadelbäume tun, sondern daß die Äste wie Armleuchter nach oben streben. Wovon ist eigentlich die Rede? Von unseren Chinesen, der doppelten Meta.

Meta ist ein Name, der aus der Mode gekommen ist, eine Kurzform von Margareta, also die feinere Schwester der Grete. Klopstocks Frau hieß Meta. Meta ist auch das Kürzel für einen Modebaum des zwanzigsten Jahrhunderts, der noch immer keinen allgemein akzeptierten Namen hat, obwohl er schon seit dreißig Jahren in jedem botanischen Garten und in fast allen Parkanlagen steht, in den großen öffentlichen und in den kleinen privaten.

In den fünfziger Jahren, als dieser Baum seinen Siegeslauf um den Erdball begann, hat Franz Boerner vorgeschlagen, einfach das chinesische Wort zu übernehmen: Shuihsa. Wie Gingko. Wie Geisha. Aber Gärtner sind konservativ, treudeutsch oder vernarrt ins Monströse. Nicht alle, gottbewahre. Viele halten jedoch wider besseres Wissen an der unsinnigen Bezeichnung Urweltmammutbaum fest. Andere versuchen es mit der wörtlichen Übersetzung: Wassertanne, was aber auch in die Irre führt. Also: Chinesisches Rotholz. Es klingt gut und ist nicht falsch. Das Kürzel Meta sollte den Baumschulcomputern überlassen bleiben.

Dahinter steht der zungenbrechende botanische Name Metasequoia glyptostroboides Hu et Cheng. Denn es handelt sich um eine andere Art von Sequoia, die der Nadelholzgattung Glyptostrobus ähnelt; der Zusatz Hu et Cheng erinnert daran, daß zwei chinesische Professoren besonderen Anteil hatten an der Entdeckung des Baums. Sie sind die Prinzen, die Dornröschen wachgeküßt haben. Diese Geschichte wird gleich erzählt.

Das Merkmal der Metasequoia ist ihre Unauffälligkeit. Jahrzehntelang haben wir sie übersehen. Sie hat etwas Mädchenhaftes, Schüchternes, Durchsichtiges; zumindest in der Jugend. (Im Alter, so wird aus China berichtet, neige sie zur Bizarrerie.) Zugleich hat sie etwas Stürmisches. Sie wächst so schnell, wie eben junge Mädchen wachsen. Als wir uns entschlossen, sie in unserm kleinen Garten zum Hauptbaum zu machen, als Zwillingspaar, hatten wir gera-

de gelesen: »Jährlicher Zuwachs ein bis zwei Meter, in der Heimat mehr als vierzig Meter hoch. Für Hausgärten ungeeignet.«

Warum dann doch? Ein Foto hat uns verführt. Eigentlich sollte es eine Platane sein, eine Zeder, ein Trompetenbaum oder dergleichen. Doch diese Bäume brauchen Platz, schlucken Licht und stehen nach einigen Jahren allzu mächtig und ernst im Gärtchen. Wer mag nicht lieber das Heitere, Leichte, gleichwohl Hohe? Im Time-Life-Band »Immergrüne Bäume und Sträucher« (der die Chinesin gar nicht enthalten sollte, sie ist nicht immergrün) gibt es die übliche Kurzmonographie und vorn im allgemeinen Teil eine fröhliche Doppelseite: Fünf Hunde, aus Eiben geformt, jagen über den Rasen, gefolgt von einem Reiter, ebenfalls aus Taxus getrimmt; den Mittelgrund beherrscht das lichte Grün einer unbeschnittenen Metasequoia. Wie die schlankweg aus dem Rasen wächst! Es war Liebe auf den ersten Blick.

Daß sie ein Modegeschöpf ist, ein Bestseller dieser zweiten Jahrhunderthälfte, was verschlägt es. Das Chinesische Rotholz hat unsere Breiten schon einmal bewohnt, während der Kreidezeit und noch im Trias. Dann erlitt sie das Schicksal der Saurier, sie starb aus. Zwar kommt sie ohne Schwierigkeiten durch die kältesten Winter, aber über die Eiszeiten kam sie nicht hinweg.

So glaubten die Botaniker. Am Jahresende 1941 stieß ein Mann aus Nanking in einem Seitental des Jangtsekiang auf einen laubabwerfenden Baum, der ihm fremd war, den die Einheimischen shui-hsa nannten. In den folgenden Jahren wurden Expeditionen in die ferne Provinz geschickt, das Rätsel zu lösen. Man fand ganze Wälder, mehrere tausend Bäume, alte und junge, die auch deshalb nicht verschwunden waren, weil es in jenen Hochtälern immer wenig Menschen gab und wenig Äxte. Die Professoren Hu und Cheng erkannten, daß es der gleiche Baum sein mußte, den der Kollege Miki in fossilen Resten bei Ausgrabungen in Japan gefunden und benannt hatte. Herr Hu schickte 1946 Samen des wiederentdeckten Baums an das Arnold-Arboretum in Amerika. Von dort wurde die Metasequoia alsbald in alle Welt verbreitet.

Unsere beiden Bäume sind in fünf Sommern um sieben Meter gewachsen. Sie fühlen sich wohl, weil sie die Pfahlwurzeln in Ackerlehm schicken können und weil oft mit ihnen gesprochen wird, ihre zarten Zweige lassen sich streicheln. Andere Metasequoien in der Umgebung, doppelt so alt, stehen vergleichsweise kläglich da; denen fehlt es nicht nur an Zuspruch, sondern wahrscheinlich auch am durchwurzelbaren Untergrund und an Feuchte in der Tiefe.

So erstaunlich wie das Wachstum gen Himmel war in diesen fünf Jahren das Fülligwerden am Boden. Ein Wasseranschluß, der zwischen den beiden Bäumen zu liegen kam, ist jetzt nur noch bäuchlings zu erreichen, will man die wichtigsten, die untersten Zweige schonen. Und warum sind die so wichtig? Das Chinesische Rotholz entfaltet seinen Reiz erst dann so recht, wenn der Fuß unsichtbar bleibt, wenn die schlanke Pyramide auf dem Rasen sitzt. Metasequoia, das ist Schönheit im knöchellangen Kleid.

Kiwi aus eigener Ernte

Champagner wäre angemessen, Rheingauer Riesling-Sekt tut es aber auch, wenn das Kiwi-Sorbet in den Dessertgläsern aufgefüllt werden soll an einem heiteren Abend zu zweit. Eine Stunde zuvor, die Gefährtin deckte schon den Tisch auf der Terrasse, hat der Koch sieben Kiwi-Früchte geschält und püriert. Zum Fruchtfleisch werden siebzig Gramm Zucker gegeben und drei Eßlöffel Zitronensaft, dazu die gleiche Menge Cointreau. Während des Abendessens rührt die Eismaschine grummelnd das grüne Püree.

Kiwis kann man kaufen. Neuerdings das ganze Jahr hindurch, seit sie nicht mehr allein aus Neuseeland, sondern auch aus Ländern der nördlichen Hemisphäre angeboten werden. Kiwis kann man selber ernten. Allerdings nur Ende Oktober, dann aber siebenhundert Früchte von einer Pflanze. Freilich nur von der weiblichen. Die männliche steht bloß großartig da, fruchtlos, aber unentbehrlich. Denn die Chinesische Stachelbeere, wie die Kiwi eigentlich heißt, ist zweihäusig. Da das Gewächs aus dem alten Reich der Mitte kommt, sind dem Herrn Bestäuber Nebenfrauen erlaubt, sieben ohne Bedenken. Neuseeland war nur Zwischenstation auf dem Weg nach Europa, der neuseeländische Nationalvogel hat dem braunbehaarten Ei den exportfördernden Namen gegeben. Die Kiwi-Historiker berichten, die ersten Samen seien im Jahr 1906 aus dem Yangtse-Tal auf die südpazifischen Inseln gelangt. Doch erst 1937 habe ein gewisser Jim MacLoughlin bei Auckland mit dem systematischen Anbau begonnen. Zwanzig Jahre später sei dann der Export in Gang gekommen.

Bei uns erschienen die ersten Kisten mit diesen braunen Dingern, die, innen stachelbeergrün, auch wirklich stachelbeerähnlich schmecken, Anfang der siebziger Jahre in den Auslagen der Feinkosthändler. Unterdessen kommt kein Gemüsestand und keine Hausfrau ohne sie aus. Kiwi mit Ingwer als Marmelade, Kiwi im Obstsalat, Kiwi als Krönung der proletarischen Käsesahnetorte.

Wie aber kommt der deutsche Vorgartenbesitzer auf die Kiwi-Pflanze? Eigentlich gar nicht. Gärtner sind konservativ, und der Anfänger richtet sich sowieso nach den Nachbarn. Uns half der Zufall weiter. Vor einigen Jahren war zu entscheiden, ob ein mannshohes Gemäuer vorm Haus weiß für sich selber sprechen darf oder ob, da es einen nach Südwesten offenen Winkel bildet, Weinreben herbstsüß drüberhinwachsen sollen oder eine Waldrebe sommerprächtig: Clematis montana war die Favoritin. Doch plötzlich waren wir al-

ler Überlegungen enthoben. Das Laub färbte sich oder war schon am Fallen, da stand im Frankfurter Palmengarten eine herzblättrige Pfeifenwinde noch sattgrün am Gerüst. Beim Nähertreten erwies sich: keine Pfeifenwinde. Stärker das Holz, fester die Blätter, größer, zartbehaart. Und unter diesen grünen Elefantenohren hingen jene Luxusfrüchte, die in der Küche gerade ihre Rolle zu spielen begannen. Acht Tage später saßen zwei dieser Strahlengriffelgewächse, Actinidia chinensis, in ihren Pflanzlöchern, mit viel Torf und Kompost versehen, mit Laub und Fichtenreisern eingedeckt.

Denn in der Baumschule war gewarnt worden: Frostempfindlich! Und eine Gartenzeitschrift verkündete: Nur für Weinbauklima geeignet! In den Büchern kam die Exotin noch nicht vor, von einer winzigen Erwähnung bei Margot Schubert abgesehen. Erst »Der Nutzgarten« von Hermann Link und Winfried Titze (Ulmer-Verlag) widmet nun der Kiwi-Kultur fast eine ganze Seite.

Unterdessen haben acht mehr oder weniger schöne Sommer und einige harte Winter bewiesen, daß Yang Tao, so heißt die Chinesische Stachelbeere in ihrer Heimat, wo die Rebe schon seit dreihundert Jahren unter Ausschluß der Weltöffentlichkeit gezogen wurde, den mitteleuropäischen Wetterstürzen und Frostperioden standhält, sogar in unserm Kaltluftloch am Frankfurter Nordwestrand.

Nach dem extremen Winter 84/85 waren die Lorbeerkirschen zur Hälfte und die Feuerdornhecke ganz und gar erfroren. Den beiden Kiwis hat der ungewöhnliche Frost nur die Knospen und wenige Ranken beschädigt. Blüte und Ernte fielen in jenem Jahr zwar aus, doch im Herbst darauf holten wir wieder vierhundertzehn Früchte aus den verschlungenen Armen unserer einen weiblichen Pflanze. Wie Winteräpfel sind sie nicht sofort eßreif, sondern müssen erst noch zwei, drei Wochen kühl gelagert werden. Wenn sich die Schale leicht vom Fruchtfleisch lösen läßt, ist es soweit. Unsere Kiwis sind nur halb so groß wie die gekauften, aber sie haben doppelt so viel

Aroma. Vielleicht gedeihen die Kiwis sogar in der Oberpfalz. Hat es denn schon jemand ausprobiert?

Windempfindlich, wie es ihnen nachgesagt wird, sind die Reben auch nicht. Doch sie sind durstige Gesellen. In trockenen Sommern verlangen sie alle zwei Tage nach mehreren Kannen Wasser aus der Regentonne, obwohl sie von schwerem Boden umgeben sind. Aber Kalk mögen sie tatsächlich nicht. Zuerst hatten wir den Mauerwinkel mit Carrara-Kies abgedeckt. Da wurden die Blätter gelb. Chlorose. Erst eine Gabe Fetrilon half wieder zurück ins Grüne. Und der kalkige Kies wurde gegen ungefährliche Kiesel getauscht.

Die Kiwi-Rebe ist eine Schlingpflanze, aber selber festhalten kann sie sich nicht. Trotzdem bauten wir ihr kein Spaliergerüst. Das Rebholz wird rasch fest. Nur die jungen, weit ausschwingenden Triebe müssen an einigen Mauerhaken angebunden werden, damit sie Halt haben im Gewittersturm und damit sie den dichten Blättermantel dorthin breiten, wo er gewünscht wird. Denn die Chinesische Stachelbeere ist eine Augenweide vom Mai bis in den November und erst ganz zuletzt auch ein Vitaminspender, der in einer Frucht so viele C-Vitamine versammelt wie Zitrone, Orange und Pampelmuse zusammen. Am besten schmeckt die Kiwi frisch aus der Schale. Den Champagner trinken wir hinterher.

Solche und andere Äpfel

Über Rosen läßt sich dichten, / In die Äpfel muß man beißen«, singt der Gärtner, von Lauten begleitet, im Saal der kaiserlichen Pfalz: Faust, der Tragödie zweiter Teil, erster Akt, wo der Mummenschanz noch altdeutsche Züge trägt, bevor dann das Personal der griechischen Mythologie die Bühne beherrscht.

In welche Äpfel hat Goethes Gärtner wohl gebissen? Gewiß nicht in saure. Vielleicht in die Goldparmäne, die damals als Reine des Reinettes mit ihrem fruchtigsüßen, nussigen Aroma gerade von Frankreich auf dem Umweg über England die wärmeren Winkel in den Obstgärten des Kontinents eroberte. Oder in den Süßen Pfaffenapfel, auch eine Sorte des achtzehnten Jahrhunderts, die heute kaum noch auf einem Markt zu finden ist; um so mehr wird sie unter Raritätensammlern und Apfelhistorikern gehandelt, getauscht, gehegt. Der Gärtner, wenn er Apfel sagt, meint das Kernobst, den runden Bruder der Birne. Goethe war Gärtner, ein doppelt glücklicher sogar; zwei Gärten standen zur Verfügung, der hinterm Haus am Frauenplan und der eigentliche im Tal der Ilm, der mit dem weißen Gartenhaus, in dem der immer wieder jegliche Gesellschaft fliehende Mann klausurieren, die Natur beobachten und sogar übernachten konnte. Aber Goethe war nicht nur Gärtner.

»Einst hatt ich einen schönen Traum:«, läßt er den Doktor Faust in der Walpurgisnacht des ersten Teils bekennen. »Da sah ich einen Apfelbaum, / Zwei schöne Äpfel glänzten dran, / Sie reizten mich, ich stieg hinan.« Und die angesprochene Schönheit antwortet, wohl wissend, daß nicht von Obst und Gartenbau die Rede ist: »Der Äpfelchen begehrt ihr sehr, / Und schon vom Paradiese her, / Von Freuden fühl ich mich bewegt, / Daß auch mein Garten solche trägt.« Es gilt zu unterscheiden zwischen dem einen Apfel der Erkenntnis, den zwei Äpfeln der Lust und den Hunderten von mehr süßen oder mehr säuerlichen Früchten, die dem Gärtner, dem Koch, dem Esser die Wahl schwermachen.

Nur von wirklichen Äpfeln, Malus sylvestris, wird nun die Rede sein, von grünen, gelben, rotbackigen, in die der Fleischfresser krachend die Zähne schlägt, wenn er dem Eiweißüberschuß mit Ballaststoffen und einem Vitaminstoß beikommen will. Lassen wir auch den Frankfurter Apfelwein dort, wo er hingehört, in Sachsenhausen. Und kein Gedanke an edlere Verflüssigungen wie den Calvados, weil derlei vergeistigte Aromaträger das Apfelstudium behindern würden. Nur der Unterschied zwischen Mann und Frau darf noch einmal bemerkt werden: Er läßt sich auch an der Wahl des Apfels ablesen. Frauen entscheiden sich eher für den feinen Cox Orange oder den jungen Gloster, wenn nicht gleich für die fruchtige Süße des Delicious; Männern ist, so bestätigen Blindproben, meist der Berlepsch oder die wuchtige Säure des Boskoop lieber.

Es ist fast wie beim Wein. Da greifen die Frauen im Zweifel zum Weißen; je schwerer der Rotwein, je älter, je göttlicher, desto mehr wird er zur Männersache. Wie der Wein fordert der Apfel Geduld, sofern es nicht ein frühreifer Klarapfel ist, der vierzehn Tage nach dem Pflücken gegessen sein will. Der Apfel fordert Geduld und Kellerkunst. Zwischen der Pflückreife eines säurebetonten Winterapfels und seiner Genußreife können mehrere Monate liegen. Wenn wir unseren Ontario Ende Oktober vorsichtig vom Baum nehmen, schmeckt er so wäßrig-sauer, daß es einem die Löcher in den Strümpfen zusammenzieht. Aber im Dezember, falls es ein guter Herbst war, fängt dieser Ontario an, interessant zu werden. Wie köstlich er dann sein wird, hängt auch von der Lagerung ab. Aus einem warmen, trockenen Keller kommen nur fade Apfelmumien. Die schmecken nicht und taugen schon gar nicht für die Küche.

Denn es ist bei den Äpfeln wie beim Wein: Zum Kochen ist das Beste gerade gut genug. Das Beste in bestem Zustand. Aber wer hat schon den idealen Apfelkeller mit hoher Luftfeuchtigkeit und Temperaturen nahe Null! Man kann vielleicht in die kalte Garage ausweichen, jedenfalls die Äpfel in Foliensäcke packen, in denen die Verdunstung und die sauerstoffbedürftigen Stoffwechselprozesse gebremst werden. Perfektionisten haben einen elektrischen Frischhalteschrank, der Feuchtigkeit, Temperatur und Luftaustausch regelt. Nicht nur die eigenen, auch fast alle Äpfel, die wir im Spätherbst

kaufen, bedürfen noch einige Wochen der Lagerung, bis sie ihren halbfertigen Charakter verlieren, bis ihr grasig-grünes Fruchtfleisch ins Gelbe, ins Feine umschlägt. Berlepsch, Brettacher, Boskoop oder Idared wollen Weihnachten noch unberührt im Keller erleben. Granny Smith wird im Januar genießbar, beim Glockenapfel sollten wir sogar bis Februar warten.

In die Äpfel muß man beißen? Unsern Ontario lieben wir auch dann noch, wenn er einen Truthahn gemeinsam mit Preiselbeeren und Hackfleisch füllt. Noch mehr, wenn seine säuerliche Seele karamelisiert aus einer gerade dem Ofen entnommenen Tarte tatin warm der Nase entgegensteigt. Früher aßen wir ihn als Bratapfel. Eine heiße Erinnerung an die Kindheit. Sitzen Gäste am Tisch, gibt es Fränkische Apfelküchle, die machen mehr her, ohne den Gelegenheitskoch zu überfordern: Vier Äpfel schälen und in fingerdicke Scheiben schneiden, mit Rum oder Cognac beträufeln. Reichlich hundert Gramm Mehl mit etwas Zucker und einer Prise Salz mischen, eine kleine Tasse Bier und zwei Eier dazugeben, zu einem glatten Teig schlagen, eine Nuß Butter schmelzen und unterrühren. Die Apfelscheiben im Teig wenden und im schwimmenden Fett ausbacken. Zimtzucker drüberstreuen. Fertig. Oder, für die zeitgemäße Tellerdekoration, Puderzucker verwenden und drei knusprige Scheiben mit je einer Kugel Apfeleis servieren. Fürs Eis allerdings nehmen wir einen Apfel von der süßeren Art. Aber reif muß er sein. Bei den Äpfeln ist es einfach: Reife geht immer vor Schönheit.

Der Kürbis ist schwer und leicht

»Wer glaubst du denn zu sein, daß du mich schelten willst, du Kürbis?« Das ist ein Satz im klassischen Versmaß, der dennoch nicht für jede Lebensbühne taugt. Es ist ein sehr deutscher Satz. Und viel Ahnung von der saftigen Wucht der Zentnerfrucht kann einer nicht haben, der den Kürbis als Schimpfwort benutzt. Zu Zeiten Goethes wurde er allerdings auch als Viehfutter angebaut, und in der Küche, die sich vom Dreißigjährigen Krieg noch immer nicht erholt hatte, wurde der Kürbis mit etwas Butter oder Rahm zu Brei zerkocht, allenfalls in Scheiben gebacken. Das heute noch übliche süßsaure Einmachen mit Essig und Zucker, als Beilage zu kaltem Fleisch, war dann schon der Gipfel kulinarischer Bemühung. Vielleicht hat der Herr aus Weimar, der einen Hohlkopf abzukanzeln hatte, den Kürbis nie gut gegessen, nie heranwachsen sehen, vielleicht hat er ihn bloß von fern in der ausgehöhlten Form gekannt, die Kinder schreckt und Kleingärtnerfesten ein Windlicht aufsetzt.

Uns ist der volle, schwere Kürbis lieb. Je schwerer, desto lieber. Gewichtig soll er sein, doch nicht gar so groß, schwer nur im Verhältnis zum Umfang. Er muß klingen, wenn man mit dem Finger an die Schale klopft. Das Fruchtfleisch soll fest sein, nicht schwammig oder faserig wie oft bei den extrem dicken Kugeln. Im Garten, natürlich, hätten wir gern das Schaustück, das Rekordgewicht, das blanke Volumen. In der Küche hingegen ist die Substanz gefragt. Und welcher Gärtner kehrt nicht in die Küche zurück? Wo nicht als Koch, so doch als Esser?

»Kürbis, gewaltiger Sohn der Erde!« Das ist ein griechischer Satz. Ein Satz, der homerischen Atem hat. Ein bedächtiges, glückliches Wort. Während ein altdeutsches Appetitlexikon das Kapitel vom Kürbis mit dem Hinweis einleitet, er sei »mit vollen neunzig Pro-

zent Wasser gesegnet«, heißt es auf dem Balkan achtungsvoll: Tische bedeckt er, und er decket den Tisch. Zum Beispiel gewürfelt und glasig gedünstet als Gemüse mit viel Dill und saurer Sahne, zum Schweinebraten. Ein ungarisches Rezept. Das Kürbis-Essen, das uns über die Jahre immer besser schmeckt und von Gästen allemal ohne Rest abgeräumt wird, ist indischer Herkunft. Wir verdanken es, wie auch sonst manche Kürbis-Kenntnis, der Hamburger Hausfrauen-Zeitschrift »essen & trinken«, die zur Hand zu nehmen vielen Männern unzumutbar scheint. Unsereiner studiert sie gern. Es sind immer wieder Rosinen drin, wie im indischen Kürbistopf, dessen andere Zutat nach Rückkehr aus dem Garten verraten werden soll.

»Der Herbst wird ewig seinen goldenen Kürbis wälzen.« Das ist ein chinesischer Satz. Ein Satz für Philosophen. Doch bevor wir uns in der Weisheit des Ostens finden oder in den Küchen Shanghais verlieren, wollen wir endlich den Kürbis am Kompost besuchen und in die Abendluft schnuppern: Darf er auch diese Nacht noch draußen bleiben, oder muß er in den Keller gerettet werden? Der Kürbis verträgt nicht den Anflug von Frost. Aber Obacht: Beim Abschneiden ein wenigstens fünf Zentimer langes Stück Stiel an der Kugel lassen; sonst hält sie nicht. Sofern nicht die ganze Ernte sofort zerteilt und verschenkt wird, sollen ja einige Früchte auf dem Lattenrost am kühlen Ort unbeschadet den Dezember erleben. Ein anderes Obacht haben wir uns schon im Frühjahr zugerufen: Keinesfalls setzt man den Kürbis, wie es oft empfohlen wird, auf den Kompost. Dafür wäre der denn doch zu schade. Und wer wollte sich den Zugriff zum Nährstoffhügel monatelang blockieren. Eine oder zwei im Topf vorgezogene Pflanzen kommen unten an den Rand, wo sich noch genug Nahrung findet, an den Südrand, wo es am wärmsten ist, von wo aus die vielmeterlangen Ranken den Kompostberg halbwegs überwuchern und beschatten dürfen.

Ob der Kürbis eine Frucht des Ostens ist, wie Victor Hehn glaubte, oder doch aus Mittelamerika stammt, obgleich schon bei den alten Ägyptern in Kultur – derlei Fragen mögen die Wissenschaft beschäftigen. Auch das Durcheinander von Arten, Sorten und Benennungen in Büchern und Katalogen muß nicht schlaflose Nächte bereiten. Hier ist vom großen, runden Herbstkürbis die Rede, auch Riesenkürbis oder Speisekürbis, dem Kürbis schlechthin. Cucurbita maxima. Er rankt. Außerdem gibt es die Sommerkürbisse, zu denen auch der Zucchino gehört, Familienname Cucurbita pepo. Sie ranken auch, soweit sie nicht buschig wachsen, die Früchte sind meist gestreckt und werden unreif geerntet. Doch unser Kürbis reift im Herbst, den sommerlichen Markkürbis überlassen wir den Engländern und den ungenießbaren Zierkürbis den Kindergärtnerinnen. Im Garten halten wir uns an den bewährten Gelben Zentner, und auf dem Markt kaufen wir nach Augenschein, es darf auch gern ein Viertel von einer anderen starken Sorte sein.

Der indische Kürbistopf aber geht so: Ein Kilo Lammfleisch von der Keule und Schulter, grob gestückelt, in heißem Öl anbraten. Dazu zwei Zwiebeln, fein gehackt. Sodann mit zwei Knoblauchzehen, gepreßt, frisch geriebenem Ingwer, Chilipulver, Kardamom, zwei Stangen Zimt und Salz kräftig würzen. Wenig Wasser dazu. Oder Weißwein. Mild schmoren, sehr mild. Eine gute halbe Stunde oder länger. Wenn das Fleisch fast gar ist, ein Kilo Kürbiswürfel und je zwanzig Gramm Mandeln, Pistazien und Rosinen dazugeben. Noch ein Viertelstündchen köcheln; die Kürbisstücke sollen nur glasig werden, knackig bleiben, nicht zerfallen. Mit Safranreis heiß auf die Teller. Das macht vier Esser so glücklich, daß sie vom Käse hernach nichts wissen wollen und das Dessert noch eine Weile hinausgeschoben sehen möchten. Sind es fünf oder sechs, dürfen Schafskäse und Brie von der Ziege nach einem Erholungsschwatz doch noch auf den Tisch. Den Kürbistopf begleitet, je nach Wetter und Laune, trockener Weißer oder ein frischer Roter, jedenfalls nicht wenig. Denn der Kürbis ist rund. Rund und schwer. Und am Ende doch so wunderbar leicht.

Wenn die Salbeimäuse springen

Da sitzt der Gärtner in seinem Lieblingsrestaurant und fachsimpelt mit dem Patron über die Rolle der Salvia als Primadonna in der südländischen Küche, kennt aber die Salbei-Mäuse nicht. Der Chef kann es nicht fassen. Er verschwindet in der Küche. Durch das Schiebefenster sieht man ihn ein Ei trennen, einen Bierteig aufschlagen, Salbeiblätter durch den Teig ziehen, ausbacken, mit Zucker pudern. Warm, kroß, würzig springen sie auf den Tisch. Als Zwischengericht. Zur Demonstration. Sie sehen wirklich aus wie grüne Mäuse im braunen Pelz. Denkt man sich ein Zimteis dazu und Marzipandatteln oder eingelegte Kirschen und sonstwas sehr Süßes, hat man ein Dessert von der nicht ganz gewöhnlichen Art.

Im Garten macht der Salbei keine Mühe. Doch in der Küche muß man aufpassen, daß das strenge Aroma nicht zu heftig durchschlägt. Das Experimentieren mit dem Salbei kann schweißtreibend sein, der Salbei selber bewirkt dann das Gegenteil. Arzneibücher loben ihn als ein Mittel gegen Handschweiß und nächtliche Hitze. Die Kochbücher empfehlen die Schmale Sophie, wie er in manchen Gegenden heißt, als Beigabe zu fettem Fleisch, auch zum Kalb: Bei der Saltimbocca alla Romana ist das Salbeiblatt auf dem Medaillon mehr als Dekoration. Unsere Rezeptsammlung rühmt einen lauwarmen Salat von Austernpilzen und Pfifferlingen mit Salbei und Speck.

Die Küchentür wird jetzt geschlossen: erst die Botanik. Der

Gartensalbei, Salvia officinalis, kommt vom Mittelmeer und bildet verholzende Halbsträucher. Er verlangt also den sonnigsten Platz, eher trocken, der Boden durchlässig, Kalk sollte nicht fehlen. Schwere Erde darf man mit Sand luftiger machen, etwas Kompost schadet nie. Um die Pflanze buschig zu halten, muß im Frühjahr und vielleicht nach der Blüte noch mal zurückgeschnitten werden. Nach fünf Jahren wird der Strauch durch Stecklinge oder gekaufte Jungpflanzen ersetzt, denn nun ist der ausgewachsene Salbeibusch so verholzt, daß er zwar noch eine Bienenweide sein kann, aber keine Augenweide mehr, und im Winter fällt er dann allzu leicht dem Frost zum Opfer.

Dieser Gartensalbei mit den schlanken, graugrünen und filzig derben Blättern blüht im Hochsommer an vierkantigen Stengeln. Die quirligen Blüten stehen in Etagen übereinander, meist violett, auch rosa oder blau; sind sie weiß, handelt es sich um die Sorte »Albiflora«. Die Blätter des hellen Goldsalbeis »Icterina« sind gelb umrandet, der dunkle »Purpurascens« ist rötlich überhaucht.

Das waren Sorten von Salvia officinalis. Der Familienname bezieht sich auf das lateinische salvere: retten, heilen. Der Salbei hilft nicht nur, fette Speise angenehm zu machen, er steht im Ruf, Fieber zu mindern, Depressionen zu lindern, Zahnfleisch zu festigen, Verkrampfungen zu lösen. Den Frauen, die nicht schwanger wurden,gab man den Rat, vier Tage Salbeisaft zu trinken und dem Manne fernzubleiben, danach sei Empfängnis zu erwarten. Auch im Examensstreß soll der Salbei Beistand leisten, gegen Rheuma soll er helfen, gegen Migräne, gegen Erkältungen und Entzündungen. Ein römisches Sprichwort fragt mit Recht: »Warum soll jemand sterben, der Salbei im Garten hat?« Es wird dann immer jemanden geben, der die Mundwinkel nach unten zieht und weiß: Gegen den Tod ist kein Kraut gewachsen. Dieser arme Melancholiker kennt den Salbei nicht.

Neben dem Spanischen Salbei, Salvia lavendula, blaublühend, kleinblättrig, der auch gut ist für die Würzküche, gibt es noch viele Arten von Ziersalbei, die dem Meister am Herd so hilfreich sein können wie der Ananas-Salbei, Salvia elegans, der Schweinefleisch veredelt und Fruchtsalate adelt. Geraldene Holt, der wir schon die Rosmarin-Plätzchen verdanken, aromatisiert ein Bananen-Joghurt-Eis mit sechs gehackten Blättern vom Ananas-Salbei (»Kräuter, Kräuter, Kräuter«, Christian Verlag). Wir werden es im nächsten Sommer probieren, zumal dieser Salbei leuchtendrot blüht. Natürlich kann man immer auch mit getrocknetem Kraut arbeiten, das feine Aroma haben aber die frischen Blätter.

Der Muscateller-Salbei, Salvia sclarea, ist eine zweijährige Staude, meterhoch, deren violette Blütenquirle in lockeren Ähren an verzweigten Stielen sitzen. Die breiten, fast herzförmigen Blätter sollen einst dem deutschen Wein zu Muscateller-Geschmack verholfen haben. Es gibt sogar einen Beleg dafür, Wolfram von Eschenbach singt im Willehalm: »wir sulen ouch parrieren den win / mit guoter salveien.« Leute mit sehr feinen Nasen behaupten, der Muscateller-Salbei dufte nach Ambra. Was immer das bedeutet, gewiß eignet er sich aber besonders gut für ein Salbei-Omelett.

Man erwarte hier nun nicht die vollständige Salbei-Parade. Alle Arten faßt kein Garten und keines der Kräuterbücher. Die wichtigsten zeigt und erklärt ein Band bei Droemer Knaur (»Kräuter«, von Roger Phillips und Nicky Foy). In dem aus England übernommenen Buch begegnet uns jedoch weder die gemeine Salvia nemorosa noch eine ihrer vielen Kulturformen, die hierzulande mit meist blauen Blüten schon seit Karl Foersters Zeiten Aufsehen erregen. Für manchen Garten ist der Salbei erst noch zu entdecken. Auch der Gärtner, der in seiner Küche dilettiert, kann noch lernen.

Wenn wir wieder in jenem gargantuelischen Restaurant sitzen, das uns das liebste ist, erbitten wir uns Entenleber, mit Salbei umwickelt, in Butter gebraten. Aber zum Aperitif schon Plätzchen aus Reismehl mit eingebackenen Salbeiblättern. Später Nudeln mit Salbei. Fisch mit Salbeisauce. Geflügel mit Salbei-Zwiebelfüllung. Frischkäse mit gehacktem Salbei. Schließlich ein berauschendes Salbei-Sorbet. Das wäre ein heilsames Essen. Allerdings wird es süchtig machen: nach mehr Salbei im Garten.

Vor dem Brautgemach die Quitte

Als Solon sechshundert Jahre vor Christus dem brüchigen Gemeindewesen der Athener Gesetze gab, hat er auch verfügt, die Braut solle auf der Schwelle des Hochzeitsgemachs eine Quitte essen. Plutarch, der die Sache überliefert, schreibt nicht, warum. Zur Beförderung der Fruchtbarkeit? Ein Spötter meinte – es war der schlesische Landwirt und Prediger Johann Colerus –, die Quitte, die ja roh fast ungenießbar ist, hatte der jungen Frau anzuzeigen, daß sie nun um ihres Mannes willen in manchen sauren Apfel werde beißen müssen.

Bräute heutzutage lassen eher dem Mann das Obst bitter werden. In eine Quitte beißt er dennoch nicht. Quitten wie Brautnächte sind Relikte aus Großmutters Zeiten, man kennt sie gerade noch vom Hörensagen. Mango, Lychee, Kumquat, dergleichen findet sich in der Markthalle. Aber Quitten? Und wer hat denn noch einen Quittenbaum im Garten? In unserer Straße keiner. Es gibt rundliche Apfelquitten und längliche Birnquitten. Beide sind gut für Quittengelee. Wer weiß denn noch, wie es schmeckt? Früher gehörte zum Gebäck auf dem Weihnachtsteller auch immer ein Stapel von festen Geleestücken, Quittenbrot, gelb oder rot gefärbt, in Zucker gewälzt. Aber das ist lange her, das war nach dem Krieg. Damals lagen im

Keller die Unionbriketts, und in den Gärten standen mannshohe Quittensträucher, manchmal waren es richtige Bäume, vier, sechs, acht Meter hoch: Cydonia oblonga. Den botanischen Namen hat die Pflanze von der kretischen Stadt Cydon, obwohl sie zuerst nur im Vorderen Orient und in Transkaukasien heimisch war, bevor sie, allerdings lang vor dem Trojanischen Krieg, die östlichen Säume des Mittelmeers eroberte. Schon der Apfel, den Paris der Aphrodite überreichte, war ein Quittenapfel, ein Schönheitspreis, nicht zum Verzehr bestimmt.

Die Quitten, die wir jetzt im Garten haben, sind von anderer Art. Sie haben kleine, derbe, glänzende Blätter, und sie sind, anders als ihre großen Schwestern, nicht empfindlich gegen Kalk. Es sind Zierquitten, Scheinquitten: Japanische Quitten, Chaenomeles japonica, kaum einen Meter hoch, mit ziegelroten Blüten, die oft schon im März aufbrechen; oder China-Quitten, Chaenomeles speciosa, etwas größer die Sträucher, die in weicheren, samtenen Tönen später blühen, bis in den Mai hinein; oder Hybriden, Chaenomeles superba, die aus Kreuzungen zwischen den andern beiden hervorgegangen sind. Einige dieser Züchtungen erreichen zwei Meter Höhe, manche kommen über achtzig Zentimeter nicht hinaus. Alle diese Scheinquitten haben einen Zug in die Breite, ins Ausladende. Deswegen möchten sie entweder allein stehen und vor weißen Mauern, wenn nicht vor immergrünen Hintergründen blühen, oder sie verhaken sich mit ihren sparrigen, dornigen Zweigen zur Hecke.

Eines haben die zierlichen Schönheiten, die erst vor zweihundert Jahren aus Fernost nach Europa kamen, mit der Quitte Solons gemein: Die Früchte, nicht so flaumig, aber auch quittegelb, auch apfelrund oder birnenlang, außen gefurcht, innen körnig, sollen ebenfalls zur Marmelade taugen. Ja, sie sollen noch aromatischer sein, weshalb Karl Stoll und Ulrich Gremminger in dem Ulmer-Buch »Besondere Obstarten – Vom Reichtum seltener, südländischer und wildwachsender Früchte« empfehlen, Äpfel der Zierquitte im Verhältnis eins zu drei dem Gelee der Obstquitte beizufügen. Andere Autoren erwecken den Anschein, die Frucht der Zierquitte ließe sich auch allein einkochen. Man müßte es wirklich probieren. Im Herbst.

Jetzt ist Frühling. Und diese Quitten haben wir wegen ihrer Blüten gepflanzt. Nicht, weil die Blütenschalen von nahem so kostbar, so künstlich aussehen, als seien sie aus Wachs geformt, es ist die frühe Farbe, das feurige Rot, das wir dem Forsythiengelb der Nachbargärten entgegenhalten. »Andenken an Karl Ramcke« heißt einer unserer drei Sträucher, »Fire dance« heißen die anderen. Neben solchen roten – feuerrot, zinnoberrot, signalrot, blutrot, scharlachrot, dunkelrot, leuchtendrot – bieten die Baumschulen eine »Pink lady« und die weißblühende »Nivalis«. Die muß schön sein! Die müßte ins Bild passen! Es fehlt aber der Platz. Das ist das Schicksal des Gärtners: Er muß sich bescheiden. So manche Liebe bleibt platonisch.

So manche Liebe fällt auch dem Frost zum Opfer. Die Liebe zur Japanquitte nicht. Aus den Büchern tönt es unisono: »Alle Zierquitten sind sehr anspruchslos und hart.« Dennoch sind die unseren in den strengen Wintern Mitte der achtziger Jahre arg zurückgefroren. Da hatte die Astschere zu tun. Sonst gilt: kein Rückschnitt. Und: die Blüten kommen am vorjährigen Holz. Darum ist es auch nicht ganz einfach, im Winter den richtigen Zweig fürs Vorblühen in der Vase aus dem Gewirr herauszuschneiden. Allzuleicht erwischt man einen Zweig, dessen oberes Drittel ganz ohne Blütenknospen ist. Aber die Mühe des Suchens nach altem, dunklerem Geäst lohne, schreibt Marianne Beuchert in ihrem schönen, hilfreichen Buch »Sträuße aus meinem Garten« (auch bei Ulmer), kein anderer Strauch blühe in der Vase über Wochen so zuverlässig wie die Japanische Quitte.

Genauso ausdauernd entfaltet sie ihr feuriges Wesen im Garten und entfaltet zugleich, wie es Karl Foerster auf seine väterliche

Weise sagt, verborgene Glückskräfte des Menschen und hebt sie ans Licht. Auch wenn es vielleicht nur Glücksgefühle sind, die wieder eingeholt werden vom späten Schnee, von strengem Wind, von kalter Trockenheit: »Der Frühling scheint zuweilen / Sanfter als er wirklich ist. / Die schönen Tage läßt er teuer zahlen.« Zwei Zephirn kündigen im Prolog der Oper »Atys« von Lully die Tragödie an, die aus einem unerwünschten Liebesbrand erwächst. Der entflammte Jüngling klagt, so lang er noch klagen kann: »Was nützt die Gunst des Schicksals, / Wenn Amor uns ins Unglück stürzt?« Das ist die alte Frage, die der Frühling immer von neuem aufwirft. Die Träne quillt. Die Quitte blüht.

Die sehr verschiedenen Hartriegel

Es gibt Menschen, zu denen wir, trotz aller Nähe, trotz starker Sympathie, über Jahre hin nicht das richtige Verhältnis finden. Irgend etwas bleibt unstimmig. Die gleiche Erfahrung kann man mit Pflanzen machen. Und es war doch Liebe auf den ersten Blick: ein feiner Stich in der Brust, dann jenes unerklärliche Gefühl des Wiedererkennens, des Wiederfindens von Vertrautem in der Gestalt der Fremden. Cornus kousa heißt sie, die natürlich aus dem Osten kommt. Breitschultrig saß sie da im roten Herbstjackett, in der Glut ihres Laubs, saß da im Rund großer Parkbäume und leuchtete dem überraschten Betrachter entgegen. Cornus kousa, das ist ein vielleicht vier Meter hoher und ebenso breiter Strauch, ein vielstämmiger Baum mit aufstrebenden Ästen, die sich waagerecht verzweigen. Cornus kousa, das ist der Japan-Hartriegel, einer jener Blumenbäume, die im Frühling oder Frühsommer noch schöner sind als im Herbst, weil sie sich da in der weißen Bluse zeigen. Cornus kousa

also sollte es sein. Daß sie eine noch prächtigere Schwester hat, Cornus kousa chinensis, erfuhren wir erst später. Die Japanerin sollte den Vorgarten schmücken, sollte über den Kies und die Findlinge hinweg die Zweige breiten, auf denen im Juni die großen Blumen, die vierblättrigen weißen Sterne erscheinen.

Die freundliche Kollegin, die damals den teuren Strauch wunschgemäß zum Einzug schenkte, muß sich gewundert haben, daß sie nach der Bestätigung des gesunden Austriebs nie wieder etwas von ihrer Pflanze gehört hat. Die überstand zwar trockene und nasse Sommer, kalte und sehr kalte Winter, wuchs auch allmählich heran, doch sehr zögernd, ans Blühen dachte sie gar nicht. Im sechsten Jahr war es nicht mehr zu übersehen: Sie fühlt sich nicht wohl an ihrem Platz. Außerdem schwemmten ihr Gewittergüsse den Kalk aus dem umgebenden Kies an die Wurzeln; sie liebt es aber sauer. Obendrein mußte sie immer wieder hören, sie passe doch nicht neben die ausladende Weide, die schon aus Vorzeiten auf dem Grundstück steht und als Hausbaum akzeptiert wurde.

Also umpflanzen. Auf die andere Seite des Hauses, vor die Westwand. Und siehe, dort ging sie stracks in die Breite und in die Höhe, dort legte sie dankbar los, obwohl sie zuvor arg geschunden worden war. Wegen des Gewichts ihres flachen, aber umfangreichen Wurzelballens war sie vom Auto mit dem Abschleppseil aus dem Pflanzloch gezogen und gehoben worden, damit ihr die Schubkarre untergeschoben werden konnte.

Kaum hatte sie sich mit dem neuen Platz befreundet, brach bei uns das Bambusfieber aus. Nun war sie da, wo sie gerade glücklich Fuß faßte, dem Aufmarsch von Phyllostachys aurea im Weg. Wieder wurde ihr ein Seil um den Hals gelegt, das Auto auf die Terrasse gefahren. Doch jetzt leistete sie Widerstand: Das könnt ihr nicht machen mit mir! Nun bin ich zu groß und zu schwer! Tatsächlich, die Räder drehten durch. Das Seil riß. Die Schubkarre kippte. Aber der Gärtner und vor allem die Gärtnerin können hartnäckiger sein als eine schwierige Dame aus Fernost. Mit Hebeln, Bohlen und Rollen wurde sie im Laufe eines langen Apriltages an den neuen, dritten und endgültigen Standort geschafft, in Lauberde und Torf gebettet, mit Kompost, Hornspänen und Rinderdung versorgt und oft gewässert. Nun sitzt sie über dem Bach, neben den Rosen, sitzt gut, schmollt nicht, nimmt nicht übel, sondern wächst, als wolle sie, wenn nicht in diesem Juni, so im nächsten, endlich erblühen.

Vielleicht ist Eifersucht im Spiel. Denn am gegenüberliegenden Hang wurde im November ein noch sehr kleiner Strauch gepflanzt, der seine drei Zweige im April sofort mit fünf besonders großäugigen Blüten zu schmücken vermochte: Cornus nutallii. Auch ein Blumen-Hartriegel, der auffälligste von allen, ein schnelles, leichtfertiges Kind des Westens, aus Nordamerika gebürtig. Freilich ist es ganz falsch, von großäugigen Blüten zu schreiben. Die Blüten sind winzig. Was sich da so sensationell entfaltet, und worauf wir bei der kousa bisher vergebens warten, sind Brakteen, weiße Hochblätter, die sich um den Blütenstand gruppieren. Wäre demnächst wirklich so etwas wie ein leistungssteigerndes Konkurrenzverhältnis zu beobachten, so könnte es auch mit der alten Dame zu tun haben, Cornus alba, die wie die Weide schon auf dem verwilderten Grundstück stand, als wir hier einzogen. Dieser heimische Hartriegel, der wohl einst mit den Hunnen aus Nordasien kam und halb Europa eroberte, prunkt nicht mit blumigen Scheinblüten, sondern lockt die Bienen mit gelblich-weißen Dolden, wie Holunder, nur kleiner, feiner. Diese stattliche alba ist unsagbar schön, wenn ihr das letzte Abendlicht im verlöschenden Garten ein weißes Feuer wie von innen heraus entzündet. Wir lieben sie auch deshalb, weil sie den Meisen, Finken und Rotkehlchen im Winter als Klettergerüst dient, sommers als Unterschlupf; und im Herbst werden die blauschwarzen Beeren von den immer hungrigen Amseln gepickt. (Die großen erdbeerroten Früchte der Blumen-Hartriegel rührt kein Vogel an.)

Warum die Hartriegel so heißen, wird verständlich, wenn wir einen Zweig schneiden. Aus dem harten Holz schnitzten die Griechen ihre Wurfspieße, und vor Troja bauten sie daraus das hohle Pferd. Es war Holz von Cornus mas, der Kornelkirsche, dem Vorfrühlingsboten mit den gelben Blütenbüscheln an den noch nackten Zweigen; Goethe kannte noch keine Forsythien, statt dessen hatte er eine Kornelkirschenhecke im Garten hinter dem Haus am Frauenplan. Die wichtigsten Arten und Sorten der so verschiedenen Hartriegel, der bescheidenen heimischen und der prächtigen fremden, sind bei Andreas Bärtels in den »Gartengehölzen« beschrieben (Verlag Eugen Ulmer, Stuttgart). Etwas ganz Besonderes ist Cornus canadensis, der Zwerg-Hartriegel, kaum höher als zwanzig Zentimeter, aber auch mit weißen Blumensternen und rotem Herbstlaub, den wir als luxuriösen Bodendecker zwischen die Rhododendren setzen.

Es gibt Pflanzen, mit denen wir erst nach Jahren vertraut werden, für die wir spät den Platz finden, im Garten und im Herzen.

Der Wilde Wein kann uns retten

Ich verstehe die Schöpfung nicht«, klagt der Don Juan des schweizerischen Dramatikers Max Frisch: »War es nötig, daß es zwei Geschlechter gibt?« Man muß kein Wüstling sein, auch kein Schweizer, und wird doch seufzend beipflichten. War es nötig? Und war es auch noch nötig, das weibliche Geschlecht mit der Angst vor Spinnen auszustatten? Als wir Männer uns vor einigen Jahren Mut machten, Mut zum Efeu, scheiterte der Wille zur Hausbegrünung wenn nicht gleich an der Spinnenfeindlichkeit, so an der Sorge mancher Hausfrau, die Vögel könnten stören, die dann im Blätterpelz nisten (und die Spinnen vertilgen). Und wolle solch ein grüner Vorhang nicht gepflegt sein, gewässert, gedüngt, beschnitten? Aber von wem denn? Etwa vom Mann, der ins Büro enteilt? So blieb ringsum alles beim alten. Nein, gewiß ist es nicht der passive Widerstand der Frauen allein. Es liegt auch an der Entschlußlosigkeit, am Herdentrieb der unsicheren Männer. Wer mag sich schon gegen die Mode, gegen den Zeitgeist versündigen? Noch nie wurde uns das Rasieren so leicht gemacht, doch jetzt muß sich ein strebsamer Mensch bärtig zeigen, zumindest schnurrbärtig. Die Gesichter müssen zuwachsen, aber Häuser, dürfen die einen Bart haben?

Noch nie war so unbestritten, daß eine bewachsene Hauswand auch bauphysikalisch besser dasteht, weil sie trocken bleibt und weniger Wärme verliert, doch jetzt müssen die Leute ihr Sichtmauerwerk zeigen oder den farbigen Kunststoffputz oder eine traurige Schiefer-Verkleidung. Die Grünen sind zwar auf dem Vormarsch, und mancher hängt sich ein grünes Mäntelchen um, aber die Häuser bleiben so nackt, wie der Architekt sie schuf. Nur auf den Urlaubsbildern werden enthusiasmiert verwunschene dänische Arbeiterhäuschen vorgeführt, französische Villen, englische Landsitze und Cottages, denen das Blätterkleid allemal etwas Anheimelndes gibt, sei es aus strengem Efeu, ungeniert wucherndem Knöterich oder dem freundlichen, dem farbigen Wilden Wein.

Der Wilde Wein hat es bei uns noch schwerer als der Efeu. Auf den grünen Sommer folgt zwar der goldene Oktober, doch dann läßt der Wein die Blätter fallen. Laub ist lästig. Wer den botanischen Namen nicht kennt, Parthenocissus, sucht beim Buchstaben W vergebens im Register vieler Gartenbücher, weil deren Verfasser auf die Bezeichnung Jungfernrebe eingeschworen sind. Andere reden zwar vom Wilden Wein, daneben aber auch vom Jungfernwein oder von Engelmanns Wein. Wieder andere unterscheiden nur zwi-

schen dem Wilden Wein und dem Selbstklimmer. Das sieht nach babylonischer Verwirrung aus. Es ist jedoch ganz einfach: Von den fünfzehn Arten der Gattung Parthenocissus sind nur zwei wichtig für den Amateurgärtner beim Besuch der Baumschule, und zuvor beim Studium der Bücher, die beide sowieso meist nicht mehr bieten als: Quinquefolia und Tricuspidata. An der Mauer mögen sie dann Jungfernrebe heißen, wenn es beliebt, oder eben Wilder Wein. Das Kunstwort Selbstklimmer wird aber hoffentlich von selbst wieder verschwinden.

Auf dem Foto röten sich hängende Ranken von Parthenocissus quinquefolia. Sie stammt aus Nordamerika und hat fünfteilige Blätter, wie der lateinische Name sagt. Auch sie steigt an Mauern hoch, zehn Meter und mehr, doch lieber hält sie sich an Gerüste und Pergolen, an Vordächer, Gartenlauben und Zäune. Mit mehr Haftscheiben an den Ranken ist die Sonderform Engelmannii ausgestattet. Diesem Engelmanns Wein ist keine Mauer zu glatt und kaum eine zu hoch. Im Herbst leuchtet er um eine Spur feuriger.

Die andere Art aber heißt Parthenocissus tricuspidata. Sie kommt aus China und klettert mit kräftigen Haftorganen noch besser. Deswegen: Selbstklimmer. Die ziemlich großen Blätter sind dreilappig. Zierlicher ist die Sorte Veitchii, die allerdings auch zwölf Meter Höhe gewinnen kann, ohne jede Kletterhilfe. Sie wird als robust, ja »industriefest« gerühmt. Was der Cotoneaster in der Horizontalen leistet, schafft sie in der Senkrechten: große Flächen schnell und zuverlässig zu bedecken, zu bemänteln, zu überpelzen. Das Krankenhaus Jungfernheide in Berlin hat sich mit dieser Jungfernrebe von oben bis unten ein gesundes Aussehen gegeben.

Wer sich kundig machen will über die Kletterer, die auch gute Bodendecker abgeben für Böschungen oder problematische Vorgärten, nimmt die »Gartengehölze« von Andreas Bärtels zur Hand (Verlag Eugen Ulmer, Stuttgart), vielleicht auch »Kreuzers Gartenpflanzenlexikon«, den ersten Band (Gartenbuchverlag Johannes Kreuzer, Tittmoning). Will sich einer obendrein ideologisch bestärken und physikalisch rüsten lassen, so empfiehlt sich die gegenüber ähnlichen Broschüren hervorragende Darstellung »Häuser mit grünem Pelz. Ein Handbuch zur Hausbegrünung« von Gernot Minke und Gottfried Witter (Verlag Dieter Fricke, Frankfurt); da möchte man freilich gleich mehrere Häuser versorgen, bei so viel Anregung.

Statt mit Jungfernreben läßt sich eine tote Mauer natürlich auch mit Tokaierreben beleben, mit Riesling und Silvaner. Statt mit dem Wilden Wein mit dem lieblichen Wein. Der steigt allerdings nicht so schnell drei Stockwerke hoch und übers Dach. Und dieser Wein braucht kein kräftiges Rankgerüst. Seine süßen Beeren müssen vor den Amseln mit Netzen geschützt werden, wenn man selber ernten will – und wer wollte das nicht. Der Wein, das ist ein anderes Kapitel. Und das wäre dann wirklich Männersache. Oder?

Geliebte Herbstanemone

Der Herbst ist immer unsere beste Zeit.« So etwas sagt kein ganz junger Mensch, so etwas sagt sich auch nicht im Frühling. Aber jetzt im Oktober stimmen wir dem alten Gärtner zu und wiederholen mit Bedacht das Wort aus Weimar. Im Herbst sind wir froh, daß wir den Herbst erleben. Fast kommt er uns wie der Frühling vor. Die Anemonen blühen!

Die Anemonen? Wiegen sich die Buschwindröschen nicht im lichten Wald oder im Gartenwinkel, wenn die letzten Schneereste gerade der ersten Hitze gewichen sind? Ja, gewiß, das Buschwindröschen, Anemone nemorosa, ist das heimische Kind der Frühe. Die uns jetzt blüht, ist eine Exotin aus dem Osten, vielleicht noch schö-

ner, jedenfalls größer und prächtiger; ihr sehr reines Weiß bringt noch einmal einen Anflug von Jugend in das alt gewordene Gelände. Die schöne Ausländerin blüht schon seit vielen Wochen, und sie wird blühen bis zum ersten Frost: Anemone japonica, die Japan-Anemone, die Herbstanemone. Auf fast meterhohen Stengeln steht sie stolz und ein bißchen steif vor lauter Selbstgewißheit. Bescheiden sieht sie aus, doch da lasse man sich nicht täuschen! Sie steht zwar im Halbschatten, aber auf nahrhaftem Grund, dort, wo es auch dem Buschwindröschen gefällt. »Honorine Jobert« heißt unsere Japanerin. Wie Schmetterlinge schweben ihre blanken Blütenblätter vor dunklen Sträuchern und flammenden Herbstgehölzen. Sie ist ein starker Trost im späten Jahr, sie zeigt noch einmal, was blühende Schönheit vermag, bevor der Winter kommt.

Man warnt uns vor dieser Anemone. »Leider breitet sie sich sehr rasch aus«, schreibt die Engländerin Penelope Hobhouse in dem prächtigen Ulmer-Buch »Farbe im Garten«. Leider? Ja, täte sie es doch! Unsere zarte Anemone zeichnet sich durch Zurückhaltung aus. Stolz steht sie da, in bräutlichem Weiß, aus dem allerdings ein Kranz gelber Staubgefäße recht auffällig leuchtet, doch zur Vermehrung ist sie nicht bereit. Wir geben die Hoffnung aber nicht auf. Auch von anderen wird ihr nachgesagt, sie schieße schließlich so ins Kraut, »daß man sie fast schon als Unkraut bezeichnen könnte«, dem nur durch radikale Rodung beizukommen sei.

Es war nicht leicht, sie in den Garten zu holen. Zum Standard-Sortiment der Gärtnereien gehört sie nicht. Und dort, wo sie im Katalog geführt wird, heißt es oft schon im zeitigen Frühjahr: Gestern haben wir die letzten zehn Pflanzen verkauft. Von einem Staudengärtner war zu hören, daß ihm die Aufzucht der Herbstanemone zu viel Mühe mache, zu viel Risiko berge. Denn sie liebt zwar den feuchten, beschatteten Platz, aber die Wurzelschnittlinge, aus denen sie gezogen wird, wollen im Gemisch aus Sand und Torf vergleichsweise trocken am hellen Ort über den Winter gebracht werden, sonst fassen sie nicht Fuß mit einem neuen, dichten Wurzelgeflecht. Wer sich dieser Anemone annehmen will, muß achtsam sein; sie verlangt ungeteilte Aufmerksamkeit. Auch das Verpflanzen mag sie nicht. Zwei Jahre mindestens wird es dauern, bis sie sich von einem Ortswechsel erholt. Dann endlich dankt sie für alle Mühe; aber schneiden darf man sie nicht: In der Vase läßt sie den Kopf hängen.

Es gibt gewiß anspruchslosere, robustere Oktoberblüten – unsere Herbstblumen haben ja fast alle, bevor sie nach Europa kamen, den mexikanischen Härtetest hinter sich gebracht. Aber wir halten es mit Vita Sackville-West: »Ich finde mehr Reiz darin, mit etwas Schwierigem Erfolg zu haben.« Und es gibt gewiß farbigere, feurigere Herbstblüher, von den Chrysanthemen, Dahlien, Strohblumen bis zum wuchernden Springkraut und zu den unverwüstlichen Astern. Aber wir halten es eben mit Vita Sackville-West, deren Ruhm sich nicht zuletzt auf ihren weißgrünen Mondscheingarten in Sissinghurst gründet: »Einfarbige Gärten zu planen ist das größte Vergnügen«, schrieb sie einst in ihrer wöchentlichen Kolumne im »Observer«, deren schönste Stücke unter dem Titel »Aus meinem Garten« als Taschenbuch erschienen sind (Ullstein) und nicht nur botanische Erfahrung weitergeben, sondern auch Gärtner-Sätze enthalten wie diesen: »Manchmal sitze ich und denke, und manchmal sitze ich bloß.«

Wenn hier mit dem Hinweis auf Sissinghurst wieder einmal für den weißen, den erholsamen Garten plädiert wird oder mit dem Hinweis auf das Buch von Penelope Hobhouse für den einfarbigen Garten, sei er nun weiß in allen seinen feinen Stufen oder fast nur blau oder rot oder gelb oder rosa mit violetten Tönen, so ohne jeden puristischen Eifer. Es wäre verlorene Liebesmüh. Gärtner und Gärtnerinnen sind schwer zu überzeugen. Da ist jeder sein eigener Missionar. In einem haben die Engländerinnen allerdings unbestreitbar recht, Gertrud Jekyll war wohl die erste, die es proklamiert hat: Die Blumen müssen in großen Farbgruppen zusammengehalten werden, je größer, je üppiger, desto besser. Auch ein winziger Garten kann verschwenderisch wirken, wenn er sich nicht in Buntheit verliert. Das Geheimnis der Dame von Sissinghurst lautet: »Ich liebe die Großzügigkeit, ich verabscheue alles Knauserige und Kleinliche.«

Das ist das Schöne am Gärtnern, daß es zwar Grundsätze gibt, aber keine Regeln, daß man Gartenanleitungen lesen kann, sie aber nicht befolgen muß. Wer die Anemone liebt, sich ihrem strengen Weiß jedoch nicht beugen mag, dem steht sie auch farbig zur Verfügung, auch halb gefüllt in rosa Tönen als »Königin Charlotte« oder »Robustissima«, weinrot als »Prinz Heinrich« oder »Bressingham Glow«. Was halten wir von solchen züchterischen Anstrengungen? Nichts, sagt der eine, weil er zum Ursprünglichen neigt, zum Wilden, Natürlichen. Der andere ist beglückt, weil er das Herausgekitzelte sucht, das Unwahrscheinliche. Im Garten ist manches möglich. Auch Umwege führen zum Ziel. Aber zu welchem? Mit dem Gärtnern verhält es sich wie mit der Liebe. »Am Anfang ist es sehr verwirrend«, schreibt Vita Sackville-West. Sie setzt hinzu: »und bleibt es bis zum Schluß.«

Die Dahlie hat viele Verächter

Wenn es Herbst geworden ist, wenn der Gärtner von der Melancholie bedroht wird, schüttelt er sich die Kraft Mexikos aus dem Shaker. Zwei Teile Tequila, ein Teil Orangenlikör, ein Teil Zitronensaft, Eiswürfel dazu. Die Margarita ist der Aperitif, der den Sommer zitiert. Wie die Dahlie, die eine Sommerblume ist, aber

im Oktober ihre Aufgabe hat: im Garten die letzten, die stärksten Lichter zu setzen.

Nach der Margarita gibt es Chilis rellenos. Grüne Chili-Schoten, aus der Dose, mit je einem kräftigen Keil Comté oder Gruyére gefüllt, erst in Mehl, dann in schaumig geschlagenem Ei gewälzt, in heißem Öl goldgelb gebacken, auf den Teller mit einem dicken Klacks Spanischer Sauce gesetzt. Das ist auf der Zunge so mild, wuchtig und brennend wie die Blume der Azteken am Zaun. Chilis rellenos sind das kulinarische Spiegelbild der feurigen Dahlie, die eine Mexikanerin ist, wenn sie auch letzthin nur noch in altdeutschen Bauerngärten gesehen wurde. Die üppige Exotin aus Montezumas Reich war einst die Blume für Götter und Halbgötter, Kaiser und Kaiserinnen.

Joséphine de Beauharnais, Napoleons große Liebe, hat neben den Rosen im Park von Malmaison schon Dahlien gepflegt. Die ersten Dahlien auf europäischem Boden waren 1790 im Botanischen Garten von Madrid erblüht. Der Gartendirektor Cavanilles nannte die fremde Blume Dahlia, den Schwedischen Kollegen Dahl zu ehren. Aus dem mexikanischen Hochland sandte Alexander von Humboldt 1803 Dahliensamen nach Berlin, wo die fremde Blume den Namen Georgina erhielt, dem Petersburger Botaniker Georgi zu Ehren. Jahrzehnte später, 1881, nannte der Züchter Christian Deegen in Bad Köstritz eine gelbrötliche Ballgeorgine »Kaiser Wilhelm«, die heute wieder ihre Liebhaber hat, nur nicht mehr Georgine gerufen wird.

Die Dahlie wird gern mit der Rose verglichen, weil auch sie in vielen tausend Formen und Farben blüht. Karl Foerster, der wortmächtige Propagandist der Gartenschönheit, schrieb in den zwanziger Jahren: »Keine Blume stößt auf so wenig Vorurteil wie die Rose, keine andere hat mit so viel Vorurteilen zu kämpfen wie die Dahlie.« Hat sich in sechzig Jahren etwas geändert? Eine Rose ist eine Rose.

Die Dahlie hat viele Verächter. Die Gärtnerin sagt, wenn ihr die Dahlien gefielen, müßte sie sich auch Wolkenstores an die Fenster hängen. Ist es wirklich so schlimm?

Die Dahlien der Großeltern auf dem Ansbacher Prinzenbuck wurden bewundert: ein Farbakkord von hellem Rosa bis Purpur, mannshoch über dem undurchdringlich dunklen Laub, das stattliche Gartenhaus verschwand fast hinter diesem Blumenwald, zumindest für Kinderaugen. Diese Dahlien waren die Dahlien schlechthin. Es waren Kaktusdahlien. Die Blüten, eine Handspanne im Durchmesser, sind gefüllt, die kaum zählbaren Blütenblätter rollen sich nach rückwärts ein, so daß sie wie leicht gebogene Stacheln aussehen; die Bezeichnung Kaktusdahlie soll sich allerdings von einer gewissen Ähnlichkeit mit der Blüte des Holeocereus speciosus herleiten. Vergleichbar, doch nicht gar so wuchtig präsentieren sich die Semikaktusdahlien, die Blütenzungen weniger eng gerollt, der Busch nicht gar so hoch. »Scarlet Star« gehört in diese Gruppe. Immer noch ähnlich, aus der Ferne, ist die Schmuckdahlie oder Dekorativdahlie. Die Zungen sind jedoch nicht zu Röhren gebogen, sondern stehen wie die offenen Schuppen eines Pinienzapfens um das sich entfaltende Herz. Einige Sorten prahlen mit Blütendurchmessern von dreißig Zentimetern. Die Dahlien-Gärtner haben aber noch ganz andere Formen aus den mexikanischen Blumen herausgeholt. Man sähe sie gern einmal alle nebeneinander. Wo bleibt die Dahlien-Monographie? Vielleicht kommt sie demnächst aus Amerika oder Japan, wo die Züchter die Nase vorn haben.

Bevor wir die Pompondahlie bewundern, müssen wir uns die Balldahlie ansehen. Fast kugelrund die Blüte, deren Blättchen leicht nach innen gebogen sind. Das Gleichmaß des gefältelten Blütenballs wird jedoch übertroffen von dem noch fester gepackten Blütenkopf der Pompondahlie, die ihre winzigen Blütentüten so akkurat aneinandersetzt, daß sie als Meisterstück eines sehr geduldigen Drechslergesellen gelten könnte. »Über Leute, die vorgeben, Dahlien nicht zu mögen«, schreibt Foerster, »könnte man einfach nur lachen, wäre die Sache nicht zu ernst.« Die Halskrausendahlie fächert einen leuchtenden Kranz von breiten Blütenblättern um die grüngelbe Mitte, die noch mal schmale Zungen andersfarbig umflammen. Das hört sich affektiert an, sieht aber hübsch aus. Die Mignondahlie hat ein flaches Herz wie die Margerite. Der Anemonenblütigen Dahlie daneben wachsen krause, gelbe Röhrenbüschel aus den Augen. Noch kleiner sind die Zwergmignon- oder Topmixdahlien, noch vielköpfiger die Familien der Päonienblütigen und der Orchideenblütigen Dahlien. Endlich die Schönsten, die Liebenswürdigsten: die Einfachen Dahlien. Doch was heißt einfach! Nicht nur die zwölf Zentimeter breiten Blütenteller der »Schneekönigin« haben einen Zug zum Märchenhaften.

Warum leuchtet uns die ekstatische Schönheit der Dahlie nicht wenigstens aus allen Schrebergärten entgegen? Sie stellt kaum Ansprüche an den Boden, will nur gewässert und gut genährt werden. Daß sie sich so barock, so selbstherrlich in Szene setzt, kann der Grund nicht sein. Die Dahlie ist nicht winterfest! Die Wurzelknolle muß im Spätherbst, nach dem ersten leichten Frost, aus dem Boden genommen und im Keller verwahrt werden, bis sie Anfang Mai wieder ins Freie gesetzt werden kann. Und sie braucht Sonne, wie die Rose. Im Schatten schießt sie spillerig ins Kraut und blüht kümmerlich.

Das typische Dahlien-Malheur, unter dem allerdings nicht die Besitzer leiden, sondern die Zaungäste, ergibt sich aus der Mischung gefährlicher Farben. Foerster klagt über den landläufigen Mißklang von Lilarosa und derbem Gelb. Nein, man soll nicht klagen. Auch die Disharmonie weckt Lebensgeister. Auch das gelbe Feuer wärmt. Besonders dann, wenn es nach achttägigem Regensturm noch beharrlich weiterbrennt. Gottfried Keller rühmt im »Grünen Heinrich« an den Dahlien, daß sie uns »mit unverwüstlicher Lebenslust bis an das Ende des Jahres begleiten und ihre samtenen Brüste öffnen, bis der kalte Schnee in sie fällt«.

Zur Astilbe bekehrt

Die Astilben gehörten bis gestern zu den Blumen, die in ander Leuts Gärten ihre bonbonfarbenen Fahnen schwenken sollen, nicht bei mir. Zu elegant das feine Blütengefieder auf hohen Rispen, die oft im Bogen überhängen. Aber auch: zu hell, zu sonnig, zu trokken mein Gelände. Astilben suchen gebrochenes Licht, feuchten Boden, kühle Luft und nicht zu viel Wind, also Waldklima, das ein gerade erst umzäuntes Gartenstück nicht zu bieten hat.

Doch ein Garten verändert sich rasch. Zehn Jahre sind schnell vergangen. Sträucher und Bäume wachsen und schaffen Schattenräume. Der Gärtner wächst auch, sein ideologischer Panzer wird ihm eng, er sprengt die Spangen seiner stärksten Vorurteile und sieht die Umgebung in milderem Licht. Astilben, sagt er jetzt, blühen in allen Rosenfarben, vom reinen Weiß über jegliches Rot bis ins dunkelste Lila; nur gelbe Astilben gibt es gottlob noch nicht.

In hellem Lila schäumen die Astilbenbuchten unter den Buchen zwischen den Rhododendren und Azaleen des Grafen Montgelas. Das am Morgen aufgenommene Foto zeigt: Nichts geht über die auf großer Fläche durchgehaltene Einfarbigkeit, die selten eintönig ist, weil ja das Licht spielt und seine Register zieht. Nicht jeder hat so viel Raum und so langen Atem. Ist der Platz beschränkt, kann es sogar die Wirkung steigern, wenn harmonisierende Farbtöne zur Kadenz zusammenklingen. Tonika, Dominante, Subdominante. Der Gärtner darf musikalisch sein. Wenn er die Kunst der Fuge nicht beherrscht, wird ihn sein Augenmerk bald lehren, wo Musik ist und wo nur Jahrmarktslärm.

Man soll auch mal mehr als drei Farben mischen. Aber mit Bedacht. Fast alle Gärten sind zu bunt. Selten leidet ein Garten darunter, daß er zu wenig Farbe hat. »Die meisten Gärten«, klagte der empfindsame Praktiker Karl Foerster, »sind Dokumente der Andachtslosigkeit, mit der das Leben gelebt wird.« Wer immer in Eile ist, wer sich beim Blättern in Blumenkatalogen oder beim Wandern durch die Staudengärtnerei stracks zu dem und jenem verführen läßt, wird in seinem Garten schwerlich etwas anderes widergespiegelt finden als Unrast und Unentschiedenheit, Verliebtheiten in dies und das. Viele Töne, aber keine Melodie.

Weiß einer sehr genau, was er will, vor allem, was er nicht will, mag sich das Unerwartete doch ereignen. Wir Astilbenverächter hatten das Glück, im vergangenen Jahr zu erleben, wie sich in jenem Rhododendronpark am Frankfurter Stadtwald im Spätsommer noch mal ein Bodenfeuerwerk entzündete. Tausende von Astilben glühten zwischen den grauen Stämmen als ein leuchtender Teppich. »Sie können im Herbst Pflanzen haben«, sagte der Graf dem staunenden Gast, »wie viele Quadratmeter wollen Sie denn bedecken?«

Astilbenbesitzer haben gelegentlich etwas zu verschenken. Ältere Pflanzen, die innen kahl werden, müssen geteilt werden. Die Wurzelknolle wird aus der Erde genommen und in faustgroße Stücke geschnitten, von denen jedes jedoch mindestens drei kräftige Triebe haben sollte. Im November wurden vier Kisten mit Pflanzen übernommen. Darin jedoch keine geteilten Wurzelstöcke, sondern Tochterpflanzen; denn es waren Astilben besonderer Art. Sie wurden in die fette Erde unterm Apfelbaum gesetzt, wo zuvor Tomaten und Zucchini wuchsen, bis es ihnen zu dunkel wurde. Der nahrhafte Platz ist ideal, weil Astilben keine Hungerkünstler sind. Richard Hansen berichtet aus dem Sichtungsgarten in Weihenstephan:

»Schlechte Erfahrungen liegen bei der Düngung mit Kuhmist vor. Verrotteter Pferdemist dagegen wirkt Wunder.« Ein Pferd haben wir nicht, aber viel Kompost. Der kann auch Wunder wirken, wenn man ihn so großzügig verwendet wie Bocuse den Cognac beim Lammragout.

Und dann blühte es schon im nächsten Jahr, als hätten die Astilben schon immer hier gestanden. Bloß vorn zum Rasen hin, wo das Mittagslicht ungefiltert brannte, schloß sich der Teppich nicht sofort. Die Pflanzen in der Sonne wuchsen langsamer und blühten später als die unterm schattierenden Schirm des Baums. Die Gartenbücher melden den gleichen Befund: Im Weinbauklima muß die Astilbe noch mehr beschattet und begossen sein; im regenreichen Voralpenland können manche Arten auch in voller Sonne stehen. Man muß aber die Erfahrung selber sammeln. Karl Foerster empfahl schon 1934 in seinem feurigsten Buch, im »Garten als Zauberschlüssel«, Astilben an »recht helle, wenn auch nicht prallsonnige Plätze« zu setzen: »Wir haben früher alle in trockeneren Klimaten den Fehler gemacht, Astilben zu viel Baumschatten zuzumuten, weil wir ihr Verhalten an Sonnenplätzen im Pflanzjahr verallgemeinerten; sie schlappen und verkochen dort nur im ersten Jahr.«

Die Astilbe, zu der wir im Wald des Grafen Montgelas bekehrt wurden, ist nicht eine der klassischen Prachtspieren, keine von den hohen filigranen Sommerfahnen, unsere Astilbe heißt chinensis var. pumila. Sie bleibt bodennah, wie der Namenszusatz andeutet. Sie blüht erst im September in Altrosa, das allmählich in ein helles Lila hinüberspielt. An den aufrechten Rispen steigt das Blühen über Wochen langsam von unten nach oben wie bei einer Königskerze. Niedrigere Sorten gibt es bei den anderen Arten auch, sogar im gleichen Farbton (der weit entfernt ist von der Rote-Grütze-Plumpheit, mit der die Vorstellung von der Astilbe einst behaftet war). Aber keine hat so stramme Lampenputzer wie die pumila, die noch zwei andere Vorzüge hat: Sie treibt Ausläufer, daher die Tochterpflanzen, die bald selber die Lücken schließen, die im ersten Jahr dem Unkraut noch eine Chance gegeben haben. Und sie verträgt mehr Sonne, mehr Trockenheit als ihre feingliedrigen Schwestern, die sich in Wurzelkonkurrenz mit Gehölzen meist nicht recht zu entwickeln vermögen, trotz fleißigen Wässerns. Sie gehört, wie die Golderdbeere, Waldsteinia ternata, zu jenen Bodendeckern, die robust im Schatten wuchern, gelegentliche Durstperioden nicht übelnehmen und immer gut aussehen, auch wenn sie nicht in Blüte stehen. Allein das satte, dichte Grün mit den gefiederten und gesägten Blättern ist eine Augenweide.

Deshalb ist die Bank im Astilbenwald nicht nur ein optischer Akzent, sondern ein guter Platz, wenn nicht zur Andacht, so doch zum Sitzen und Schauen. Auf solch einer Bank muß Vita Sackville-West gesessen haben, als sie den Lesern ihrer Gartenkolumne im »Observer« bekannte: »Manchmal sitze ich und denke, und manchmal sitze ich bloß.«

Die trügerische Hortensie

Rittersporn, Löwenmaul, Königskerze – das sind männliche Namen für mannhafte Blumen. Rosen und Maßliebchen, Margareten und Dahlien werden mit guten Gründen der weiblichen Sphäre zugerechnet. Als das Inbild des Femininen steht die Hortensie da. Sie läßt schon in der Jugend, kaum ist sie übers Stecklingsalter hinaus, einen Hang zur großen Toilette erkennen. Im Blumentopf, noch wacklig auf den Beinen, spielt sie die Grande Dame, legt Rouge auf runde Wangen, blaue Schatten um die Augen.

Die Hortensie ist wandelbar wie eine Frau in ihren besten Tagen: Heute gibt sie sich ganz anders als gestern, und morgen trägt sie wieder ein neues Gesicht. Erst erscheinen ihre Blüten in unschuldigem Weiß, dann färben sich die Dolden zartrosa, schließlich verabschieden sie sich in blassem Grün. Oder auch in umgekehrter Folge: Erst grün das Kind, dann rosa das Mädchen, vielleicht auch blau, am Ende wird die Dame weiß. Die Hortensie ist ein falsches Luder. Sie lockt ihre Bestäuber mit großen, doch unfruchtbaren Kronblättern. Die richtigen Blüten, die tauglichen Geschlechtsorgane, sind versteckt oder gar nicht vorhanden. Täuschung ist das Wesen der Hortensie.

Dazu gibt es eine Geschichte zu erzählen. Am 5. Dezember 1766 verließ der französische Fregattenkapitän Louis Antoine de Bougainville den Hafen von Brest zu einer zweijährigen Forschungsreise in die Südsee. An Bord befand sich der geachtete Botaniker Philibert Commerson, begleitet von einem sehr jungen Assistenten, einem bartlosen Jüngling namens Jean Barré. Aus Brasilien brachte die Expedition ihrem Auftraggeber, dem König Ludwig XV., die Bougainvillea mit. Zweihundertvierzig exotische Pflanzen hat Commerson während dieser »Voyage autour du monde« entdeckt, bestimmt, benannt, er hat Blüten und Blätter gepreßt. Samen gesammelt. Auf Haiti aber kam es zu einem Zwischenfall jenseits der Botanik. Ein scharfäugiger Häuptling versuchte, Commersons Assistenten zu entführen. Warum, wurde im Handgemenge offenbar, als die Kleidung des Opfers in Unordnung geriet. Zur Verwunderung des Gelehrten stellte sich heraus, daß Jean, sein Gehilfe, in Wahrheit und zu Recht auf den Vornamen Hortense hörte. Die Legende erzählt, Commerson habe daraufhin einem fernöstlichen Strauch, dessen blühender Selbstdarstellung nicht zu trauen war, den Namen Hortensia gegeben. Andererseits habe er aus Beschämung darüber, daß er männliche von weiblichen Blüten zu unterscheiden vermochte, fruchtbare von unfruchtbaren, nicht aber das Geschlecht seiner Begleiterin erkannte, den heimatlichen Boden Frankreichs nicht mehr betreten wollen. Er sei, von seiner Hortense umsorgt, auf Mauritius geblieben, wo die beiden selbzweit botanisierten bis an ihr seliges Ende. Eine andere Version sagt, Commersons Hortense sei nach ihrer Entblätterung alsbald nach Paris zurückgekehrt und habe einen Uhrmacher geheiratet. Will man Meyers Konversationslexikon von 1895 glauben, und das muß man wohl, so gab es gar keinen Assistenten, jedenfalls keinen verkleideten, sondern nur Höflichkeitspflichten gegenüber einer Madame Hortense Lapeaute, der mitreisenden Gattin des Kollegen, der für die astronomischen Beobachtungen zuständig war.

Bei der Hortensie haben wir es mit Legenden zu tun, aber auch mit Vorurteilen. Warum steht denn in den Vorgärten neben der Treppe zum Hauseingang der arme Juniperus, die Blaufichte oder der erbarmungswürdig verdrehte Korkenzieherhasel? Warum so selten die füllige Hortensie. Sie gilt als hoffnungslos altmodisch, weil oder obwohl sie das Etikett »Bauernblume« trägt. In manchen Gegenden wird sie »Metzgerblume« genannt, weil sie eine Zeitlang neben dem bleichen Schweinskopf als Schaufensterdekoration diente. Die Menschheit ist eine Hammelherde. Und die gärtnerischen Leithammel sind noch nicht wieder bei der einst allzu beliebten Hortensie angekommen. Welch ein Glück! Wollen wir denn die üppige Schöne bestaunen, wenn sie schon wieder hinter jedem zweiten Zaun sich breitmachen dürfte?

Bleibt die Frage: Warum blüht sie mal blau, dann wieder rosa? Oder rosa und blau zugleich am selben Stock? Das Geheimnis gründet im Boden. Das Rosarote ist ihre Natur. Die blaue Farbe rührt von Aluminiumsalzen, die nur in sauren Böden zur Verfügung stehen. Die Gartenbücher unserer Großeltern empfahlen, der Erde Eisenfeilspäne zuzusetzen und mit Alaunlösung zu gießen. Wir haben es leichter, wir geben ihr, wenn wir die blaue Blume lieben, nur immer wieder eine Handvoll Torf. Und gießen mit weichem Wasser.

Und lassen die Sonne scheinen. Besonders dann, wenn die Hortensie im Halbschatten steht, wo sie sich zwar auch entfaltet, aber nur in jenen Sommern so recht aus dem Mieder platzt, in denen ihr das Licht nicht zu sehr fehlt.

Das ist die durstige »Gartenhortensie«, Hydrangea macrophylla, Hydrangea heißt so viel wie Wasserschlürferin, macrophylla meint die mächtigen Blüten. Es ist die gleiche Pflanze, die im Mai als Muttertagshortensie im Topf mit zwei oder drei vorgetriebenen Blütenbällen zu Hunderttausenden in den Blumengeschäften über den Ladentisch geht, nach einigen Wochen, weil zu warm und zu trocken gehalten, den Weg alles Irdischen nimmt und nur selten hinaus in einen Garten findet. Sonst hätten wir ja längst überall Hortensienwälder. Sonst sähe es ja überall aus wie in San Francisco an der Lombard Street, deren abschüssige, geschlängelte Fahrbahn von Hortensiendickichten umwuchert wird.

Es gibt noch zweiundzwanzig andere Arten. Die länglichen Rispen der Hydrangea paniculata Grandiflora sehen aus wie weißer Flieder, der den Frühling verpaßt hat und darob ein bißchen errötet. Die Kletterhortensie, Hydrangea petiolaris, hat ebenfalls weiße, aber tellerflache Blütenstände; sie wächst zu einem zwei Meter hohen Busch heran, sofern ihr nicht ein Zaun oder eine Mauer zur Verfügung steht, wo sie mit kleinen Haftwurzeln wie Efeu sieben Meter aufwärts klimmt. In den »Gartengehölzen« von Andreas Bärtels (Ulmer-Verlag) wird ein gutes halbes Dutzend Hortensien samt ihren Varietäten vorgestellt, die alle in unseren Breiten gedeihen, manche freilich nur mit Winterschutz.

Die wahre Hortensie bleibt jedoch die frostharte macrophylla, die Verwandlungskünstlerin. Bei allem Vorbehalt gegenüber ihrer etwas steifen Pracht verdient die schöne Metzgerblume unsere Achtung, ja Bewunderung. Ihr trügerisches Farbenspiel trägt das Licht der Erkenntnis in manchen puritanisch dunklen Männergarten.

Der Garten braucht Wasser

Wie einst der Dichter über die allmähliche Verfertigung der Gedanken beim Reden Nachricht gab, kann der Gärtner über die allmähliche Veränderung seiner Pläne durch den Garten berichten. Während aber Kleists »allmählich« eine Sache von Sekunden, allenfalls Minuten ist, zieht sich das suchende Probieren im Garten über Jahre hin. Ob das, was schließlich dabei herauskommt, der Weisheit letzter Schluß ist? Der Bach, die Fische, das Aquarium?

Ursprünglich sollte der Bach gar kein Wasser führen. Nun läuft er diagonal durch das Rasental. Nein, er läuft nicht, er ist ein stehendes Gewässer, ein in die Länge gezogener Gartenteich. Und doch kein Teich, denn der trüge Seerosen in der Mitte, wenigstens Wasserknöterich oder Froschbiß, aus flachen Uferzonen erwüchse ihm ein Gürtel von Schilf und blühender Sumpfvegetation.

Kein Wasser im Garten! Das war der Imperativ, als vor Jahren der Kelleraushub einem brettebenen Grundstück Profil geben mußte. Wasser zieht Frösche an, Ärger mit Nachbarn wäre unvermeidlich. Und wenn nicht Frösche, dann um so mehr Schnaken. Außerdem bliebe für einen Gartenteich wirklich keine Zeit. Also nur ein Geröllbett, das mit Folie unterlegt werden sollte, damit nicht Unkraut gezupft werden muß zwischen den Steinen. Die Gewißheit, daß sich Regenwasser sammeln werde, führte dann doch zu einer Rinne zwischen den Kieseln, mit einigen Verbreiterungen, wo die Vögel baden und trinken können.

Es kamen nicht nur Amseln und Tauben, Stare, Meisen, Rotkehlchen und Rotschwänze, Elstern und Eichelhäher, Dompfaff, Zaunkönig und Heckenbraunelle, nicht nur Wespen, Bienen und Hummeln. Eines Tages fiel ein Entenpaar vom Himmel. Das Weibchen

watschelte hierhin und dorthin, der Erpel untersuchte das seichte Gewässer. Zu gering für die Bedürfnisse zweier Enten! Nach einer halben Stunde hoben die beiden wieder ab. Es kamen aber auch immer mehr Rhododendren und Azaleen in den Garten. Für sie wurde die Gießkanne zwischen die Steine getaucht. Der nächste Regen füllte wieder auf. Während trockener Wochen wurde aus der Leitung nachgeholfen, damit wenigstens mit abgestandenem Wasser gegossen werden konnte. Schließlich stand der Gärtner doch mit dem Schlauch vor den »Cunningham's White«, die noch am wenigsten empfindlich sind gegen unser hartes Leitungswasser.

Das Reservoir müßte um ein Vielfaches größer sein, nicht zwei, sondern zwanzig Kubikmeter fassen! Eine größere Wasserfläche würde den Immergrünen auch ein angenehmeres Kleinklima mit höherer Luftfeuchtigkeit schaffen. Aber sechs Tonnen Kiesel wieder abräumen und die zentnerschweren Trittsteine beiseite wälzen? Zu solch einem Entschluß rafft sich der faule Gärtner ohne Not nicht auf, trotz der ermunternden Beistandsangebote der fleißigen Gärtnerin. Da kam eine Maus zu Hilfe. Sie nagte von unten ein Loch in die zu schwache Folie. Die Untersuchung des Schadens brachte noch andere undichte Stellen ans Licht. Es ist immer falsch, an der Qualität des Materials zu sparen.

Also wurden drei Urlaubswochen reserviert, schwere Teichfolien herangeschleppt, die Steine hinters Haus gekarrt. Spitzhacke und Schaufel gruben sich in den harten Lehm. Die Schubkarre litt schwer. Latten und Wasserwaage sorgten für gleiche Uferhöhe vom Haus bis hinunter zum Bambus. Schwieriger als erwartet das Einlegen und Verschweißen der faltenwerfenden Kunststoffbahnen in die gekrümmte Form mit den jetzt fast senkrechten Ufern. Zum Glück hatten wir die heißesten Wochen des Jahres erwischt. Diffizile Arbeit war nur vormittags und vom späten Nachmittag an möglich, die Mittagspausen im Liegestuhl waren erfreulich lang. Der Bach wurde noch an die Dachrinne angeschlossen. Das Auflegen der Steine war am Ende fast eine Erholung.

Nun konnten die Rhododendren, auch Lorbeerkirschen, Bambus und Tomaten, endlich richtig gewässert werden. Nicht mehr mit der Gießkanne. Eine Tauchpumpe schickt das Wasser durch einen dikken Schlauch. Im nächsten Frühjahr fielen die Enten wieder ein und blieben wochenlang. Das Eichhörnchen huscht nicht mehr übers Geröll, sondern federt mit einem Satz übers Wasser. Die blaugrüne Jungfernlibelle schwirrt auf und ab. Die Vögel baden jetzt in der steinernen Tränke unter den Pinien vor der Terrasse.

Im Sommer ergab sich ein neues Problem. Die Myriaden von Schnakenlarven, die jetzt im großen Wasser wimmelten, jede Woche neue Generationen, wollten wir nicht länger mit Neudomück bekämpfen. Fische erledigen das billiger. Fische? Über den Goldfischteich hatten wir immer gespottet. Doch nur Goldfische sind robust genug für die Zumutungen eines oft sonnenwarmen, gelegentlich stark getrübten Gewässers. Der Zoohandel hatte aber keine gewöhnlichen Goldfische mehr vorrätig, also kamen schwarzgesprenkelte Schleierschwänze und ein roter Löwenkopf zum Einsatz. Drei andere Fische gab die Nachbarin dazu. Einen Sommer lang waren es alle Beteiligten zufrieden. Keine Schnaken mehr. Das Abpumpen störte die Fische nicht, das Nachfüllen mit sauerstoffreichem Leitungswasser tat ihnen gut. Im Herbst flitzte schon der Nachwuchs an den Ufersteinen entlang. Wir sahen es mit gemischten Gefühlen. Wie den Eisvogel, der eines Tages vom Pinienast ins Wasser äugte.

Als die Septembernächte kühl wurden, ließ sich die Frage nicht länger verdrängen: Wie sollten die großen und kleinen Schnakenfresser durch den Winter kommen? Das neue, tiefere Bett ist doch nicht tief genug fürs sichere Überleben unter dem Eis. Ein zusätzliches Bassin findet keinen Platz mehr im Garten. Die Fische anderswo in Pension geben? Unsere Fische?

Unvorstellbares geschah: Neben dem Eßtisch plätschert seit Anfang Oktober ein Aquarium, das Winterquartier für den Scheck, den Glücksfisch und das Männchen samt Kompagnons und Kindern. So hatten wir uns die allmähliche Veränderung von Haus und Garten beim Korrigieren unserer Irrtümer nicht vorgestellt. Unglücklich sind wir trotzdem nicht. Man muß es im Leben nehmen, wie es kommt. Und wenn es ganz anders kommt als gedacht, sagt der chinesische Bauer: Wer weiß, wofür es gut ist!

Die Entdeckung des Alpenveilchens

Auf der Höhe über Vouvray duckt sich ein Weingut unter den Wasserturm; nicht irgendeines, sondern die Domaine Huet. Der Besuch hat die übliche Überschreitung des Reisebudgets zur Folge. Der Vouvray sec ist frisch und kernig, das war bekannt, deshalb der Umweg. Der demi sec ist nicht weniger unwiderstehlich. Aber die Moulleux, die fruchtig molligen Spätlesen, die Gaston Huet zum Schluß in die Gläser füllt, machen süchtig. Gesegnete Loire, die auch solche Gaumenüberwältiger hervorbringt! Die schönste Überraschung blüht jedoch nicht im Weinberg, nicht im Keller, sondern mitten im Hof unter den beiden alten Kastanien. Es sieht aus, als sei der Frühling schon im Herbst aus dem Boden gebrochen. Eine Krokuswiese? Von fern mag es so scheinen. Viele hundert winzige Alpenveilchen bilden einen rosa Spiegel im lichten Schatten der hohen Bäume. Es ist das im September und Oktober und bis zum ersten Frost blühende Cyclamen hederifolium, das Efeublättrige Alpenveilchen; in der älteren Literatur und bei den älteren Gärtnern heißt es noch neapolitanum.

Zwei Tage später sehen wir die kleine wilde Herbstblume in einer

Gärtnerei bei Apremont, für dreiundzwanzig Francs die blühende Pflanze. Die Töpfchen finden noch Platz zwischen den Weinkartons im Kofferraum. Zu Hause zeigen die Kataloge der Staudengärtnereien nicht nur die Urform mit dem flammenden Basalfleck an jedem der Blütenöhrchen, sondern auch das ganz und gar weiße Cyclamen hederifolium Album. Wie muß eine Baumscheibe erst wirken, wenn das weich durchleuchtete Rosa von reinweißen Gruppen durchsetzt ist!

Zuvor waren wir diesem Herbstveilchen noch im Arboretum de Balaine begegnet, zwischen Nevers und Moulins, wieder auf fast nacktem, trockenem Boden, Blüte an Blüte, kein Grün dazwischen, denn die Blätter kommen erst später. Die sind dann herzförmig oder fast rund oder oval oder lanzettlich, aber immer irgendwie gezackt und gezähnt, ihre Grundfarbe spielt von Dunkelgrün bis Hellgrau mit silbrigen Lineaturen und Marmorierungen. Über den Winter begrünt das dekorative Laub den Boden bis in den Mai, bis sich die Pflanzen zur Sommerruhe zurückziehen. Ruhe heißt Trockenheit. Jedenfalls keine Nässe. Bäume oder Sträucher sorgen für wandernden Schatten und spielen Regenschirm. Je weniger Regen, desto größer der Segen.

Ein deutscher Gärtnerfreund warnt: Das grazile Pflänzchen sei gewiß nicht leicht zu pflegen oder gar zu massenhafter Vermehrung anzuregen. Zwar sorgen die Ameisen für die Verbreitung des Samens, aber die flachen Wurzelknollen, die einst als Schweinefutter gesucht waren wie Eicheln und Bucheckern (im sechzehnten Jahrhundert hieß das hederifolium bei den französischen Bauern »pain de porceau«, bei den Engländern »sowbread«, in Deutschland »Groß Schweinsbrodt«), sie haben nicht nur Mäuse zum Feind, nicht nur den Dickmaulrüßler und seine Larven, die Pflanzen werden auch von Milben, Läusen, Amseln, Grünfinken, vom Grauschimmel, von der Wurzelbräune und der Zyklamenwelke bedroht. Trotzdem sind wir guten Muts. Die Bücher verkünden, das efeublättrige sei das Wildalpenveilchen mit den geringsten Ansprüchen, das beste für den Garten, »viel robuster, als gemeinhin angenommen wird«, zudem in unseren Breiten winterhart. Auch in England zählt die verehrte Sackville-West die kleinen Alpenveilchen zu den unverwüstlichen Gartenpflanzen: »Ihren Knollen ist meist ein längeres Leben beschieden als ihrem Besitzer.« Der Boden muß nur durchlässig und darf nicht sauer sein, sollte also, wo nötig, mit Kalk versorgt werden. Seine Heimat hat das Efeublättrige Alpenveilchen von Frankreich bis in die Türkei überall dort, wo sich Kalkgebirge wölben.

Vielleicht hatte der besorgte Freund das ganz aufs Mittelmeerische beschränkte Cyclamen graecum im Sinne, das auch im Herbst blüht, vor allem in der Ägäis und auf Zypern, das bei uns nur im Weinklima an der Trockenmauer eine Chance hat. Ebenfalls von den Rändern des östlichen Mittelmeers stammt das Zimmeralpenveilchen, das aus der Art Cyclamen persicum entwickelt wurde; persicum hat aber nichts mit Persien zu tun, wo diese Pflanze nie heimisch war, sondern nimmt Bezug auf das spätlateinische persica, Pfirsich, wegen der Pfirsichröte in den Blüten.

Und woher der Familienname? Cyclamen ist von kyklos abgeleitet, griechisch Scheibe, weil die korkigen Knollen, aus denen die zarten Stengel aufsteigen, oft flach wie Scheiben sind, besonders beim hederifolium, dessen tellerförmige Knolle nur an der Oberseite Wurzeln treibt. Deshalb muß sie tief genug gepflanzt werden, zehn Zentimeter etwa, und darüber den nährenden Humus haben. Seinen deutschen Namen verdankt das Alpenveilchen dem Cyclamen europaeum (Kleines Schweinsbrodt), das jetzt purpurascens heißt: Es blüht und duftet während des Sommers in den Kalkalpen und bis zu den Karpaten hinüber. Die Knolle, unten bewurzelt, will nur einen Zentimeter mit Erde bedeckt sein.

Das Lexikon der »Freiland-Schmuckstauden« im Ulmer-Verlag

beschreibt noch ein gutes Dutzend anderer Arten, die jedoch in unserem Klima fast alle ein Glashaus brauchen. Nicht minder zuverlässig für die Gartenpraxis informiert ein zweites Ulmer-Buch: »Zwiebel- und Knollengewächse«. Reinhilde Frank ermutigt ihre Leser auch zu Versuchen mit Cyclamen coum, das in kaukasischen Bergwäldern, im Libanon und in Syrien zu Hause ist. In europäischen Gärten blüht es im Spätwinter. »Oft schauen die kleinen Blüten schon aus der schmelzenden Schneedecke hervor. An geschützten Plätzen entfaltet die Pflanze ihre Schönheit schon um die Weihnachtszeit.«

Die Schönheit der Zimmeralpenveilchen mag nicht jeder würdigen. Manchem gelten diese großblumigen Züchtungen als Ausbund von Kitsch und Biedermeierei. Mindestens zwanzig Millionen Topfalpenveilchen gehen jedes Jahr über die Tische der Blumenläden. Die Beschenkten werden mit ihnen jedoch selten für mehr als ein paar Wochen glücklich. Wer hat je sein Alpenveilchen im nächsten Winter zu neuer Blüte gebracht? Von Reinhilde Frank ist zu erfahren, wie einfach es wäre. Verachtet mir das Alpenveilchen nicht! Denn seine kleinen wilden Schwestern sind wahrhaft liebenswert. Und die Bedingungen, die sie stellen, sagen auch dem Gärtner zu, wenn er den Liegestuhl aufstellt: Warme Lage, halbes Licht. Ein Weinberg in der Nähe.

Die Schmetterlinge auf den Astern

Astern, schwälende Tage, / alte Beschwörung, Bann, / die Götter halten die Waage / eine zögernde Stunde an.« Je näher der Herbst des Lebens rückt, desto weniger tröstlich klingen die vertrauten Verse Benns. Ach, der Herbst! Manche Dichter und altklugen Mädchen behaupten, der Herbst sei ihnen lieb. Laßt diese Mädchen älter werden! Die grau gewordenen Philosophen und Poeten haben freilich recht, wenn sie sich mit dem Gleichmut Benns oder heiteren Sinnes wie Mörike ins Unvermeidliche fügen. »Im Nebel ruhet noch die Welt, / Noch träumen Wald und Wiesen: / Bald siehst du, wenn der Schleier fällt, / Den blauen Himmel unverstellt, / Herbstkräftig die gedämpfte Welt / In warmem Golde fließen.« Nicht allen gelingt es, sich den späten Frieden zu schaffen. »Dies ist der Herbst: / der – bricht dir noch das Herz! / Flieg fort! Flieg fort!« ruft Nietzsche. Wer wollte dem Rat nicht folgen? Der Schmetterling. Er bleibt, er überwintert und ist sich seines Frühlings gewiß. Er übersteht den Herbst, weil ihn die Aster trägt und nährt.

Einst lasen wir im »Garten als Zauberschlüssel«, in Karl Foersters schönstem Buch, den Hinweis: »Ein Chrysanthemumgärtchen liegt in stummer Vornehmheit in der Sonne unterm Fenster. Ein Asterngärtchen braust von Bienen in den Sonnenstunden und erfüllt sie mit buntem Schmetterlingsflug.« Und lasen drüberhin. Nun haben wir es selber erlebt: Überm Asternbeet ein Heer von Pfauenaugen; so schien es aus der Ferne. Was da schaukelte oder still saß und lautlos mit den Flügeln klappte, war bei genauem Hinsehen rot mit braunen Flecken der Kleine Fuchs. Zwei Dutzend samtener Schmetterlinge und ein paar mehr. Dazwischen geschäftig die doppelte Zahl der Foersterschen Bienen. Das war Ende September. Blaßblau spiegelte die Aster den Himmel, »Dr. Otto Petschek«

heißt sie und gehört noch zu den Sommerastern, zur Familie Aster amellus. Es gibt auch Frühlingsastern, Aster alpinus oder Aster tongolensis, die noch im Mai zu blühen beginnen. Aber jetzt haben wir es mit den oktoberlichen Herbstastern zu tun.

Manches strahlende Herbstgewächs, das als Aster angesehen wird, ist allerdings eine Chrysantheme, leicht zu erkennen an den gefiederten Blättern, oder es ist eine gefüllte Margerite, die wie die Aster lanzettliche Blätter hat und doch den spätsommerlichen Chrysanthemen zuzurechnen ist: Die prächtigen weiß und rosaroten Asternsträuße am Eingang zum Supermarkt – Chrysanthemum maximum. Nein, sagt Marianne Beuchert, die Blumengärtnerin, die es wissen muß: Es ist fast immer die einfache Sommeraster, die Schnittaster, Callistephus sinensis. Blumen darf man lieben, mit aller unvernünftigen Sehnsucht, doch nicht ohne jede Wissenschaft. Welche Schöne möchte denn unter falschem Namen verehrt werden?

Das Herz muß dem Liebhaber und Gartendilettanten in die Hose rutschen, wenn er im Katalog und tatsächlich auch auf den Verkaufstischen einer Staudengärtnerei wie Kayser & Seibert ein halbes Hundert Astern findet: Astern, die Teppiche bilden oder Kissen wölben oder zu mannshohen Büschen heranwachsen, Astern, die schneeweiß blühen, silbrigblau oder dunkel wie Lavendel, rubinrot oder rosa, Astern mit winzigen Sternchen, die meisten aber mit Blüten groß und rund, groß genug als Landeplatz für jeglichen Tag- und Nachtfalter. Und erst ein Blick in das dickleibige Werk über die Freilandschmuckstauden von Jelitto/Schacht/Fessler aus dem Ulmer-Verlag lehrt unsereinen das Fürchten. Mein Gott, was es alles gibt! Am Ende mehr Astern als Schmetterlinge?

Bevor wir nun die Herbstastern auseinanderzuhalten und unsere Wahl zu treffen suchen, soll Karl Foerster sagen, der leidenschaftliche Blumenpfleger und verewigte Asternfreund, was es mit dieser Herbstblume auf sich hat, die gewiß keine Friedhofsblume ist,

sosehr sie die Gräber schmückt. Astern, sagt Foerster, »verklären den Mollklang des Herbstes«. Denn die Astern sind vielleicht nicht gerade C-Dur, aber B-Dur gewiß. Astern, wenngleich sie uns ihre Sterne im Morgentau tränennaß entgegenhalten, wenngleich sie fast alle in gebrochenen Farben leuchten, Astern sind starke, lebensvolle, fröhliche Blumen.

Ganz so stark auch wieder nicht. Die höheren Sorten mit den strauchigen Blütenästen, die sich oben zu Schirmen verbreitern, brauchen eine Stütze und einen Gürtel, damit sie nicht umfallen im Regen oder im Wind oder allein unter der Last ihres hundertfachen Blühens. Alle Astern wollen, wenn sie nicht dürr dastehen sollen, sondern saftig belaubt von unten an, alle wollen einen sonnigen Platz, guten Boden und beizeiten den Dünger. Sie können kaum genug haben an Kompost und Rinderdung im Frühjahr und nährenden Güssen im Sommer. Und sie fordern Platz. Ein Asternbusch allein kann schon schön sein. Ein einziger Asternbusch am Tor kann das ganze Sterbenselend eines herbstlichen Schrebergartens überspielen. Der Luxus des Hausgartens beginnt bei der Asternrabatte, die mit einem zweiten Beet korrespondiert, jenseits des Rasens. Damit wir die Schmetterlinge fliegen sehen.

Genug der Gartenpoesie. Es gibt Kissenastern, kugelige Büsche, allenfalls halbmeterhoch: Aster dumosus, den »Professor Anton Kippenberg« zum Beispiel, den »Herbstgruß vom Bresserhof« oder das »Schneekissen«. Und es gibt Strauchastern. Da unterscheidet der Gärtner vor allem zwei populäre Familien, die Rauhblattaster, Aster novae-angliae, und die Glattblattaster, Aster novi-belgii. Was sonst noch alles, ist einstweilen in den Büchern gut aufgehoben. Entscheiden wir uns für eine neubelgische Aster. Nicht lila oder rosa, das haben wir schon zu oft gesehen. »Blandie« ist halbgefüllt und weiß, »Freda Ballard« blüht kräftigrot, die »Schöne von Dietlikon« betört uns dunkelblau mit leuchtendgelber Mitte. Damit sich aber die Farben verbinden, können wir doch nicht ganz auf die rosa und lila getönten Sorten verzichten, müssen Bücher und Kataloge studieren, Gärtner besuchen und Stefan George beherzigen, der dem Herbst noch im totgesagten Park ein Quantum Glück abgewinnt: »Vergiß auch diese letzten Astern nicht!«

Die Lust zum Gartenzwerg

Der Gartenzwerg muß nicht verteidigt werden. Den meisten Gärten tun ihre Zwerge gut. Auch wenn der Zwerg acht Meter hoch ist wie einer im Park von Vaux-le-Vicomte und Herkules heißt. Auch wenn der Zwerg in Gestalt eines Löwen auftritt, der seiner Löwin die Ohren leckt. Nicht jeder Gartenzwerg trägt eine rote Zipfelmütze.

Bei der verehrten Freundin steht ein Faun mannshoch im Gras und lächelt. Er steht da gottlob nicht nackt, bocksfüßig und geschwänzt, sondern entwächst einem Piedestal und ist, soweit sich das unter der Patina erkennen läßt, ordentlich in englisches Tuch gekleidet. Er ist auch nicht mit dem Weinbecher oder der Panflöte ausgerüstet, sondern hält ein Horn in der Rechten, ein Füllhorn vielleicht; er hält es jedenfalls nicht so, als ob er damit tönen wollte. Am Ende ist es eine Art Samentrompete. Und warum lächelt der steinerne Gast? Weil die verehrungswürdige Gärtnerin zu seinen Füßen statt des englischen Rasens immer noch eine deutsche Blumenwiese zu kultivieren sich bemüht.

Ein Garten soll wetteifern mit der Natur und darf sie zu übertreffen suchen in wilder Natürlichkeit. Es ist aber verlorene Liebesmüh. Die Natur kann es allemal besser. Mit den Jahren bescheidet sich der Gärtner und begreift seinen Garten als das, was er ist: ein

Kunstprodukt, menschlicher Lebensraum, ins Grüne hinausgetrieben. Möbliert mit Tisch und Bank. Beseelt von den Zwergen, auch wenn es ausgewachsene Götter und Nymphen sind wie einst in den fürstlichen Anlagen der Renaissance und des Barocks. Auch wenn die Repliken im grauen Betonguß allmählich alle arkadische Kraft eingebüßt haben. Man darf das olympische Gartenpersonal auf den grünen Kleinbühnen bespötteln, wenn es das falsche Stück vor dem falschen Publikum spielt und dabei selber nicht echt ist. Aber verachten muß man es deswegen nicht. Erlaubt ist, was gefällt. Der sonst sehr kritische Fürst Pückler gibt sich mild: »Wenn der Park zusammengezogene, idealisierte Natur ist, so ist der Garten eine ausgedehntere Wohnung. Hier mag also der persönliche Geschmack sich wohl ein wenig gehen lassen.«

Die Chinesen verehren bizarre Steine zwischen Busch und Strauch, den Japanern bezeichnen Steinlaternen den Ort, der sich über die Botanik erhebt. Goethe setzte in den Unteren Garten an der Ilm einen steinernen Kubus mit Kugel, den er als »Stein des guten Glücks« bezeichnete. Außerdem hatte er weiter oben am Hang den Schlangenstein mit der Inschrift »Genio huius loci«, modelliert vom Bildhauer Klauer. Eine Schlange beißt in Brote, was uns als Symbol für ein Dankopfer an den Schutzgeist des Ortes erklärt wird. Hätte Goethe etwas früher gelebt, wäre ihm ein Rokokozwerg vielleicht ebenso bedenkenswert gewesen.

Heute prägt der Zeitgeist kaum einen Garten, er weht nur postmodern über die kommunalen Gartenschauen hin. Die Skulpturen in den privaten Gärten sind fast immer Standbilder aus vergangenen Zeiten oder uralte Formen sehr ferner Kulturen. Der Gärtner ist konservativ. In unserem Gärtchen gab es bis jetzt nur Unauffälliges. Findlinge, die zur Vogeltränke gehöhlt sind, Findlinge, die aufeinandergesetzt eine Katzengottheit bilden. Doch nun wird es schwierig. Die Freundin schenkte eine bäuerliche Gartensäule aus

Sandstein, anderthalb Meter hoch. An der Seite sitzt noch eine Türangel. Oben trägt sie eine flache Eichel wie einen Hut. Wo soll die Säule stehen? Damit sie nicht aussieht wie ein Phallus, nicht wirkt wie ein Grabstein? Sondern wie beides in einem. Eigentlich war sie für den Vorgarten gedacht, am Zugang zum Haus. Aber der behäbige, körnige, rötliche Sandstein verträgt sich nicht mit dem geweißelten Sichtmauerwerk. Er braucht einen grünen Hintergrund. Darum wird dem schweren Brocken ein kleines Fundament zwischen die Halbkugeln von Buchs und Azaleen gesetzt, nachdem zuvor mit einer Attrappe aus Packpapier der beste Platz gesucht wurde. Die Gartensäule wird sich wandeln zum Betrachtungsstein. Sie wird dastehen wie eine japanische Steinlaterne. Aber nicht ganz so befremdlich.

Hätten wir die Kraft, würden wir uns vielleicht solcher Spielerei enthalten. Der Garten, der uns bis heute den stärksten Eindruck gemacht hat, begnügt sich mit einigen italienischen Vasen auf der Terrasse und vielen Nistkästen an den Bäumen. Es ist allerdings ein Waldgarten und Rhododendronpark besonderer Qualität, da müssen die Götter nicht erst gerufen werden,

Hätten wir das Geld, würden wir ein Nashorn von Johannes Bruns zum Wasser traben oder eine ebenso wohlgerundete Weiblichkeit von Botero in sich ruhen lassen. Natürlich würden wir beide wollen, Boteros Frau und das dicke Nashorn, aus dem Bambus brechend. Und hinter den Tomaten eine stählerne Europa, die ihrem alten Stier gnadenlos die Sporen gibt. Damit der Garten nicht zum Freilichtmuseum oder zur Museumsparodie würde, käme es darauf an, solche Phantasiestücke und Bildungszitate so zu plazieren, daß von jeglichem Standort immer nur eines zu sehen wäre: in den Nischen der Hecke, hinter großen Sträuchern. Wandert der Gast mit dem Aperitif in der Hand um die Lorbeerkirsche, stockt sein Schritt, weil im Schutz des mannshohen Laubs so etwas wie ein Rodinscher Kuß im Gange ist oder, schlimmer, weil Amor seinen Pfeil nun auf ihn richtet.

Wo ist der Unterschied zwischen den klassischen Szenarien, die ihr Vorbild in Versailles oder in Veitshöchheim haben, und dem Lauterbacher Gartenzwerg, der sich auch aus Figurinen barocker Schloßgärten entwickelt hat? In ihrem Wesen sind sie gleich. Dennoch liegen Welten zwischen ihnen. Aber keine Abgründe. Es ist nur eine Sache der Lebenserfahrung. Den Weg vom Amselfelder in die Keller von Bordeaux haben wir ja auch gefunden. Unterwegs gibt es manchen angenehmen Ruheplatz, fürs erste mit einem pausbäckigen Putto in der blühenden Kulisse.

Abbildungen

Inhalt

Zu dieser Ausgabe

Die Texte folgen den Ausgaben Johannes Roth, *Gartenlust*, Insel Verlag Frankfurt am Main und Leipzig 1992, und *Neue Gartenlust*, Insel Verlag Frankfurt am Main und Leipzig 1994. Die Texte und die Fotografien von Marion Nickig wurden für die vorliegende Ausgabe neu zusammengestellt.

Erste Auflage dieser Ausgabe Insel Verlag Berlin 2015. © Insel Verlag Berlin 2011. Alle Rechte vorbehalten, insbesondere das der Übersetzung, des öffentlichen Vortrags sowie der Übertragung durch Rundfunk und Fernsehen, auch einzelner Teile. Kein Teil des Werks darf in irgendeiner Form (durch Fotografie, Mikrofilm oder andere Verfahren) ohne schriftliche Genehmigung des Verlages reproduziert oder unter Verwendung elektronischer Systeme verarbeitet, vervielfältigt oder verbreitet werden. Bezugspapier: hißmann, heilmann, hamburg. Foto: Getty Images, München. Gesetzt in der Schrift Adobe Caslon. Gedruckt auf holzfreies, alterungsbeständiges Papier der Firma Geese vom Memminger MedienCentrum. Gebunden in Fadenheftung von der Buchbinderei Spinner. Printed in Germany.
ISBN 978-3-458-17658-9